汉语书面叙事语体中关系从句的语篇功能研究

张秋杭　著

上海三联书店

前　言

本书是“2017年度教育部人文社会科学研究青年基金项目”《基于可及性理论的汉语关系从句研究》的专著成果。

本书以汉语书面叙事语体中的关系从句为研究对象，以功能主义的语法观为理论指导，采用语篇功能的研究视角，在验证已有的类型学假设的基础上，从汉语自身的特点出发，来探索汉语关系从句的规律。

关系从句是典型的复杂结构，是语言研究中的一个重要课题，因而吸引了大量不同角度的研究。而汉语传统语法长期缺乏“关系从句”的概念，关系从句这类现象通常被看成是偏正结构的一种类型，即一种复杂的名词性偏正结构。20世纪80年代随着当代类型学的研究理念和研究方法不断引入我国，一些学者从语言共性的角度，来重新审视这一普遍性的语言现象，才明确提出“关系从句”的概念。

可见，“关系从句”是源于印欧语的概念，如何立足汉语自身的特点来加强汉语关系从句的研究是亟待解决的问题。目前国内对关系从句的研究存在重短语轻小句、重形式轻功能的状况；而国外对汉语关系从句的研究主要是把汉语关系从句作为一种特殊的语料来加以考察，并将其实验结果与印欧语言进行对比，而对汉语关系从句本身的理论体系建设，关注并不多。综观目前国内外此课题的研究现状，启发我们从语篇功能的视角来加强汉语关系从句的研究。

本书的研究内容主要包括两个方面：一是通过汉语关系从句

来验证已有的类型学假设；二是立足汉语自身的特点来加强汉语关系从句研究。

通过汉语关系从句验证已有的类型学假设，包括：(1)验证AH假设和通格假设。AH假设作为影响最大的可及性假设，在母语习得和二语习得研究领域得到了广泛的应用和检验，而与之相对的通格假设同样具有跨语言的普遍解释力。基于汉语关系从句来验证AH假设和通格假设，分析两大假设的不同预测能力。研究结果表明从频率分析的角度AH假设和通格假设并不是互相排斥的，两者在汉语书面关系从句中均得到了支持，但通格假设较之AH假设能更好地解释汉语的关系化现象。(2)验证优先论元结构假设(简称PAS)。优先论元结构强调语法和语篇的互动关系，而且该假设在信息压力较大的语境中才能更好地发挥其预期功能，所以我们选择书面叙事语体是比较理想的检验材料，而且关系化并不会导致"优先论元结构"的中断。研究结果表明汉语关系从句中S-RC和O-RC基本遵循PAS的制约，但是A-RC严重违背PAS的制约，再次说明了语体差异对语法现象的影响。

立足汉语自身的特点加强汉语关系从句研究，包括：(1)汉语关系从句的谓词类型与论元分布。从汉语关系从句的谓词类型入手，引入事件谓语和属性谓语的概念，提出鉴别形容词构成关系小句的句法标准，揭示不同谓词类型的关系从句在句法语义结构和语篇分布方面表现出的不同特点，并从语篇功能的角度给予初步的解释，从而为汉语关系从句范围的划定提供事实依据。(2)汉语关系从句的指称类型与语篇功能。从核心名词的指称类型入手，改变以往多从"有定"和"无定"范畴讨论核心名词的指称类型，而是采用单指、类指和无指的划分方法，讨论不同类型的汉语关系从句在语义属性和语篇功能方面的差异性，并结合语义和语篇功能来进一步解释相应的句法现象。研究结果表明单指关系从句主要起叙述功能，而类指和无指关系从句主要起描写功能，前景主要由表叙述功能的单指关系从句构成，汉语关系从句也可以表达前景功能。在主句分布上，三类关系从句都集中出现在主句宾语位置。(3)汉语关系从句中指数量标记分布的语篇功能解释。从指数量标记入手，讨论指数量标记有无的对立，前后顺序的对立以及内部小类在语篇分布上的差异。研究结果支持指数量标记“前景化”功能假设；指数量标记具有前置倾向，关系化的对象和关系小句的语篇功能在一定程度上影响指数量标记的前后分布，而生命性因素、核心名词的信息地位以及语篇显著性并不影响指数量标记的前后分布；指数量标记内部，即指量结构和数量结构的前后分布存在一定的差异性；标记内部“一+量”分布最广。这些现象说明指数量标记的使用并不是由句法语义层面决定的，而是由篇章层面的因素决定的。

全书始终贯彻语法研究的语篇意识和语体意识。本书受到功能主义特别是篇章语法研究理念的影响，讲究完全从真实语篇中研究语法，重视句法现象背后的语篇功能动因，立足语篇对句法现象作出解释。语法研究必须以具体的语体为中心(陶红印1999)，任何语法研究都是依托一定语体的语法研究，所得出的规律也是基于某一具体语体的语法规律。本书的研究是基于书面叙事语体，所获得的研究发现只是关系从句在汉语书面叙事语体中的表现和规律。虽然局限某一具体语体，但这种探索也有助于汉语关系从句整个课题的研究。

目　录

图表目录

第一章　绪论

1.0　引言

本书以功能主义的语法观为指导，从语篇功能的视角来研究汉语关系从句，并以北京话创作的书面叙事语体为数据来源，以期达到以下两个研究目的：一是验证已有的类型学假设。基于汉语关系从句对已有的类型学研究假设进行验证和发展，包括AH假设和通格假设、优先论元结构假设，把汉语关系从句的研究置身于世界语言之中，密切关注汉语语言现象的共性和个性；二是紧密结合汉语的实际，加强本土化研究。主要探讨以下三个问题：汉语关系从句的范围、汉语关系从句核心名词的指称类型，以及指数量标记在汉语关系从句中的分布特点及动因，旨在揭示语篇功能需求对语法的塑造。本章将具体阐述研究对象、理论准备、研究内容、研究方法、语料选择以及本书的结构。

1.1　研究对象

1.1.1　关系从句的定义

类型学多从语义或功能的角度对关系从句作出界定。在不同的语言中关系从句的表层句法形式千差万别，为了满足跨语言调查研究的需要，从语义或功能的角度对关系从句作出界定有更大的适宜性和操作性（详见第二章 2.1.1）。但对于某一具体的语言，从句法角度对关系从句作出界定是可能的也是必要的。本研究借鉴刘丹青（2005a，2005b）、李金满、吴芙芸（2013）、李金满（2013）等观点，主要从句法的角度对汉语关系从句作出界定，确定本书的研究对象应满足以下几个条件：

（1）必须含有关系化标记"的"；

（2）关系小句中必须含有一个与核心名词同指的句法位置；

（3）关系小句中必须含有谓词，包括动词和形容词。

我们将逐个对以上三个条件作一解读。首先，研究对象要满足含有关系化标记"的"的条件。在汉语普通话（北京话）中"的"被公认为是唯一的定语标记，称为结构助词。关系从句的标记也同样由"的"来充当。刘丹青（2005a：6）指出在关系从句中，"的"属于从属语标注手段，是加在关系小句上的，如"他买的书"应当切分为"他买的/书"，所以关系小句"他买的"在一定语境下可以脱离核心名词而独立存在。但在本书研究中仅包括有核的关系从句，无核（headless）关系从句不在本书的讨论范围之内。至于动词（及物和不及物）和形容词不带定语标记直接作定语的类型，则完全排除在关系从句范围之外。如"聪明学生"，直接修饰名词的谓词通常与核心名词构成一个不可扩展的紧密组合，"聪明学生"不能说成"非常聪明学生"，同样的"报考学生"、"游泳健将"等也是如此，都不属于关系从句范畴（刘丹青 2005a：8）。本书的研究对象必须是带标句词"的"而且是有核的关系从句，但是汉语关系从句中"的"是一个"泛定语标记"（详见第二章 2.1.2），它除了标记关系从句之外，还标记其他类型的定语，如领属语、名词/区别词属性定语等，单靠"的"还不足以有效区分关系从句，还必须借助其他句法条件来进一步框定研究对象。

其次，关系小句中必须含有一个与核心名词同指的句法位置。关系从句是通过关系化(relativization)的操作而实现的，所以关系化也称之为关系从句构成(relative clause construction/formation)。关系化就是对句子中某个句法位置上的名词短语所作的一种句法操作，例如，在“她推荐了一本书”这句话中，如果对句中的宾语名词短语“一本书”进行关系化操作的话，便得到“她推荐的(那本)书”这样一个关系从句。在“她推荐 t 的(那本)书”中宾语名词短语“一本书”被提取出来之后就在原来的位置留下一个空位，这个空位(或者采用代词复指)与核心名词就具有同指关系，正是这种关系的存在，相应的句法操作过程就称之为“关系化”。

谓词所支配的名词短语称之为论元(argument)，有的论元属于核心论元，如主语、直接宾语和间接宾语，而有的论元不属于核心论元，如旁语，包括表示时间或者地点的修饰语。提取核心论元构成的关系从句会在原来的位置留下一个空位，其构成典型的关系从句；但是提取非核心论元构成的关系从句其合法度会存在一定的质疑。如[①]：

(4) 屠夫切肉的刀

(5) 农民施肥的技术

(6) 他吃肉的样子

(7) 小张做桌子的时候

在例(4)—例(7)中这四个 NP“刀”、“技术”、“样子”和“时候”无法与关系小句中的任一名词短语构成同指关系。唐正大(2005)把这类结构看作是非典型的关系从句，并从认知框架和显著度理论来解释这类提取非核心论元而构成的关系从句。陶红印(2002)把表时间、表地点和表样子的结构都视作关系从句。

① 例(4)—例(7)引自唐正大(2005：27)。

Cheng & Sybesma(2006)指出以上这类句子属于汉语中的无空位(gapless)的关系从句。刘丹青(2005b)指出假如核心名词在关系小句中没有同指的空位或代词,便不是关系从句。我们认为例(4)—例(7)这类关系从句与典型的关系化操作存在较大的差距,如果提取旁语构成关系从句结构也必须明确标明其所在的句法位置,如Keenan & Comrie(1977)认为汉语提取旁语必须采取有格策略,即代词策略,如例(4)要成为合格的关系从句,必须变成"屠夫用(它)来切肉的刀"。

有空位或代词复指的关系从句除了排除上述由非核心论元构成的词组外,还排除了同位结构,如"有人要来的消息"、"有人弹钢琴的声音"等,曹逢甫(2005)指出这类结构不是关系从句,这里的"的"也不是关系从句的标记,而是类似于同位语标记"的"。

所以,本书的研究对象是核心名词在关系小句中有句法位置的关系从句。被关系化的名词短语在关系小句中有相应的句法位置,可能是空位,也可能采取代词复指形式。

最后,关系小句必须含有谓词。刘丹青(2005a:8)指出"对于一个主动宾齐全的小句(如'学生买书')来说,将其主语或宾语提取出来作核心名词,在关系小句中留下一个与核心名词同指的语迹,这是最典型、最少争议的关系化结构,但是以下两种情况就会遇到难以确定的问题:一是不及物动词及形容词充当小句谓语;二是作定语的及物动词论元残缺。"刘丹青(2005a:8)指出"根据汉语的实际类型特点,单个不及物动词、单个形容词和单个及物动词带定语标记修饰名词,从理论上说都有理由看作关系从句,但比起论元齐全的及物动词或带有述谓性强化成分的不及物动词和形容词定语来说,它们只能算不典型的关系从句。"这一观点得到了吴语方言如苏州话的证明。刘丹青(2005b:202)从语言调查的角度,认为"形容词作定语情况比较简单,虽然有理由看作关系从句,但调查时可以不必放在关系从句部分处理"。李金满、吴芙芸(2013)和李金满(2013)在进行相关研究时都按照刘丹青(2005b)的观点没有调查形容词作关系从句的情况。但我们认为关系小句的谓词类型直接涉及到如何看待汉语关系从句的范围这一基本问题,既然汉语关系从句在理论上特别广,不妨把及物动词、不及物动词以及形容词等所有可能的谓词类型都纳入到调查范围,通过真实的语料来验证其分布和特点,从而为合理划定汉语关系从句的范围提供事实依据。

至此,我们可以明确本书的研究对象是满足以上三个条件的语法结构,称之为关系从句,其构成可以表示如下:

(8) 妇女们	制服	这个	t	喜欢逞能	的	男孩儿。[①]
主句主语	主句谓语	指示成分	空位	关系小句	关系从句标记	核心名词

（空位 + 关系小句 + 关系从句标记 + 核心名词 = 关系从句(relative clause,简称 RC)；全句 = 主句）

1.1.2　关系从句的分类

类型学研究经过跨语言的调查和比较,按照关系化的策略对各种语言的关系从句进行分类,主要包括两个方面的标准:(1)核心名词与关系小句的相对位置;(2)核心名词的句法角色是如何在关系小句中加以表达。

第一个标准是根据关系小句与核心名词的相对语序来区分不同的关系从句类型,包括外置策略、内置策略。外置策略又包括前置策略和后置策略。前置策略则关系小句出现在核心名词之前,如汉语;后置策略则关系小句出现在核心名词之后,如英语;内置策略则核心名词内置于关系小句之中,下面以印第安纳瓦霍语(Navajo)为例(Hale & Platero 1974,转引自 Keenan 1985):

(9) Tl ‘eedaa’ hastiin yaɬti’-ee aɬhosh

① 例句选自《我是你爸爸》p. 39。

last night man spoke-REL sleep

The man who spoke last night is sleeping

例(9)中可以很清楚地看到,核心名词 *hastiin*“man”内置于关系小句 *tl* ‘*eedaa*’“last night”和 *yaɬti*’“spoke”之间,所以 *tl* ‘*eedaa*’ *hastiin yaɬti’-ee*“the man who spoke last night”构成内置关系从句。

第一个标准实际上与关系化操作时核心名词移出关系小句时的方向有关,前置策略则核心名词在关系化操作时右向移出小句之外,后置策略则核心名词在关系化操作时左向移出小句之外,如英语和汉语的例子(例子中核心名词加粗表示,关系化标记斜体,关系小句置于方括号内):

(10) a. John likes the girl.

b. **the girl** (*that*) [John likes____](后置,左向移出)

(11) a. 我喜欢那个女孩。

b. [我喜欢____]*的* **那个女孩**(前置,右向移出)

第二个标准是关于核心名词在关系小句中是如何表达的。科姆里(2010: 171)指出“从类型变异的观点看,在内嵌小句(即关系小句)里这种角色的表达形式在跨语言研究中是最有意义的参项之一。按照这个参项区分四种主要类型:非缩略型、代词保留型、关系代词型和空缺型。”

非缩略型就是指核心名词在关系小句里以完整的、未经缩略的形式出现(科姆里 2010: 171)。核心名词内置类型采用的就是非缩略型,如例(9)。

代词保留型即核心名词以代名词的形式在关系小句中保留(科姆里 2010: 172)。如:

(12) this is the road that I know where it leads

(13) 我送给他书的那个人

英语和汉语关系从句都有采用代词保留型的类型,如例(12)

中代词“it”表示关系化的句法位置是 leads 的主语；例(13)中代词“他”表示关系化的句法位置是动词“送”的间接宾语。

关系代词型在欧洲语言中比较常见，但从整个世界的语言看，作为一种类型并不特别常见，我们比较熟悉的就是英语关系从句的用例(关系代词标记为粗体)：

(14) the man **who** is talking to my father

(15) the book **which** I bought yesterday

科姆里(2010：173)指出关系代词型“跟代词保留型一样，在关系小句内也有一个代词表示核心名词，但从线性词序来说它不是位于表达那种语法关系的代词通常所处的位置，而是移到小句句首的位置(偶尔前面还有一个成分，如前置词)”。这种移到小句句首位置的代词形式通常称为关系代词。这个代词必须有格标记，用来标明它担任的角色，如英语区分主格 who 和宾格 whom，所以关系代词型关系从句多见于格系统较丰富的语言。

“以上三种类型的共同之处就是关系小句内核心名词担任的角色都有明显的表示——用完整的名词短语，代词或移位的关系代词，而空缺型与以上三种类型不同，这种关系化策略就是对关系小句内核心名词担任的角色不作任何明显表示。”(科姆里 2010：176)在汉语中，这种类型常用来使主语和直接宾语关系化：

(16) 打赢比赛的那个人

(17) 我买的那本书

类型学关注核心名词在关系小句内担任的角色，还表现为对名词短语句法位置可及性制约的关注。按照句法位置，对被关系化名词短语进行标注，如主语关系从句、宾语关系从句、直接宾语关系从句、旁语关系从句、领属语关系从句和比较宾语关系从句，关注这些位置在构成关系从句时所受到的制约，哪些容易关系化，哪些难以关系化。这方面的研究最著名的就是 Keenan &

Comrie(1977)提出的“名词短语可及性等级序列”(Noun Phrase Accessibility Hierarchy,简称 AH),总结跨语言的关于名词短语关系化的优先顺序(详见第三章)。

对关系从句的分类,还可以从核心名词在主句中的位置入手,与核心名词在关系小句中的句法角色相结合,如 SS,前者代表核心名词在主句中的句法角色,后者代表核心名词在关系小句中的句法角色,具体请参见 Fox & Thompson(1990)。还可以根据关系小句中谓语的类型,分成及物动词和不及物动词、事件谓语和属性谓语等。

以上分类标准多从句法表现形式入手,还可以从语义或功能的角度对关系从句进行划分,如限制性和非限制性关系从句。这一分类在英语关系从句中能够有效区分,但在汉语关系从句中这一分类争议较大(详见第二章 2.2.5 和第七章 7.1.2)。关注核心名词的生命性,可以划分为有生和无生(如吴芙芸 2011a; Ming & Chen 2010),指人和指物(如陶红印 2002)等类型。关注核心名词的信息地位,可以划分为有定(definite)和无定(non-definite)(如 Ming 2009)。关注关系小句的语篇功能,可以区分为描写功能和识别功能(如 Fox & Thompson 1990)。

类型学对关系从句的分类,特别重视核心名词在关系小句里担任的角色,这一标准是我们进行跨语言比较的主要类型参项,其他的分类标准则根据不同的研究目的加以采用。

1.2 理论准备

1.2.1 功能主义的语法观

功能主义的语法观是开展本研究的总的指导思想。功能主义考虑的核心问题就是“语法何以如此”(张伯江 2005)。语法研究的目标是描写和解释语法现象,对语法现象作出解释是语法研究的最终目的。功能主义对语言现象的解释不同于形式主义,它主张从语言结构的外部寻找解释,主要包括以下三个方面:一是从语言的交际功能来解释。"世界上所有语言的功能都是实现人与人之间的信息交流,语言结构就是为了信息交流的具体需要而不断自我调适的结果。"(沈家煊 1995:3)"语言表达形式的多样性源自交际中不同的功能需求,不同需求之间的相互竞争塑造了语言的结构形式。"(方梅 2005:165)二是从认知的视角来解释。"功能主义认为人的语言能力也属于人的一般认知能力"(沈家煊 1995:4),语言结构也反映了人的认知心理加工过程。三是从语言的历时演变来解释语言的共时结构。任何语法都只是历时演变长河中的一个阶段而已,它代表着语言历时演变的一个结果,也是未来语言继续演变发展的基础。了解语法必须了解语言的演变(详见 Du Bois 1987; Tao 1996;沈家煊 1995;方梅 2005 等)。

本书以功能主义的相关理论来研究汉语关系从句,包括类型学[①]、篇章语法以及认知语言学等理论和方法。

语言类型学研究的出发点是跨语言的可比性,即语言间的共同交际功能特征。当代类型学研究以大规模、有代表性的语种库为基础,在跨语言比较的基础上发现语言的共性和差异,并尝试通过普遍共性规律来解释语言的共性和差异。语言类型学同样重视对语言现象的充分描写,并在此基础上实现解释的充分性,偏重外部解释,即特别考虑心理和功能(包括语用)因素去解释语言现象(王勇、徐杰 2011;尚新 2013)。

当我们把汉语关系从句置于世界语言的变异范围内来考察,就会有更多新的认识和发现。刘丹青(2003)强调研究汉语要有

---

① 刘丹青(2003)、金立鑫(2006)等主张把类型学作为与生成学派、功能学派等立的独立学派,这里我们把类型学归为功能语言学的一部分,同时也清楚地知道类型学在研究方法上的独特性。

语言共性和类型的意识时，就曾指出汉语确实存在一些真正的特点甚至很突出的特点，只是这些特点要放在人类语言共性和类型分类的大背景下来认识和研究。例如，汉语是世界上众多 VO 语言中几乎仅有的关系小句在核心名词之前的语言。像这样的真正的特点，汉语学界还很少关注，因为缺少类型学的视野。沈家煊(2009a：2)指出"要想真正了解汉语的特点，光拿印欧语来作比较是不够的。摆脱印欧语的眼光当然比照搬印欧语的语法框架好，但是还有一个更高的境界，那就是语言类型学。"从类型学的角度对关系从句的研究已有丰富的成果，如 Keenan & Comrie (1977)通过 50 种语言对关系从句的考察，Hawkins(1983)通过 200 种语言对关系从句的考察，Dryer(1992，2003)分别通过 600 多种语言和 900 多种语言对关系从句的统计和分析等。

我们研究汉语关系从句，一方面以语言共性和类型学研究的已有成果为研究背景，通过汉语关系从句来验证已有的普遍性规律和假设；另一方面高度重视汉语关系从句置身于世界范围的独特性，所获得的研究成果虽基于某一类型或谱系内部，却同样具有类型学的意义。

篇章语法(discourse grammar)属于美国西海岸功能学派。篇章语法应是最体现功能语法特色的分支，强调形式与功能之间的对应，因而与"功能语法"有极为密切的关系。"篇章语法讲究完全从真实语篇中研究语法。篇章语法不同于话语分析(discouse analysis)或会话分析(conversation analysis)，虽然它们都立足真实语篇，但研究旨趣有别。话语、会话分析的目的是找出话语本身的组织结构规律，如话论转换机制，而篇章语法是要从语篇组织中寻找、发现语法的由来，解释语法现象的话语来源，目的还是研究语法。"(刘丹青 2005d：6)

篇章语法有如下的研究特点：对语言材料真实性的追求，对语境的重视，对语体分类的讲究，对信息结构的重视与系统性分析，对使用频率的重视，对共时语法化的关注等。

篇章语法的理论内容包括：指称(reference)、信息流(information flow)、前后景安排(foregrounding and backgrounding)、时空关系、衔接(cohesion)与连贯(coherence)、话题与焦点、修辞结构理论(Rhetorical Structure Theory，简称RST)等。

方梅(2005：172)对汉语篇章语法研究历程作出了回顾，"汉语篇章语法经历了20多年的发展历程，总体上看，大致呈现出两种不同的研究取向：一是以语篇角色或语篇现象为切入点，讨论相应的句法表现形式；二是以句法角色或句法范畴为切入点，讨论句法形式的功能动因。前者着眼于篇章结构，后者着眼于句法解释。近年来也开始关注交际因素对语法结构的影响和塑造。以上三个方面构成了汉语篇章语法研究的整体面貌，着眼于篇章结构的研究起步较早，而着眼于句法解释和交际因素对语法结构影响的研究相对来说比较薄弱，是特别值得关注的领域。"(篇章语法的相关介绍，详见刘丹青2005d；方梅2005；屈承熹2006a，2006b等)

本书的研究从句法范畴"关系从句"入手，寻找其句法表现背后的功能动因。以篇章语法为研究框架，强调语言材料的真实性，以统计分析为研究方法，来验证相关假设和结论。

认知语言学诞生于20世纪70年代，它主张语言和人类的认知能力是密切相关的，语言不是一种独立的能力，而是人的一般认知能力的一部分。其研究目标就是描述和解释语言能力与人的一般认知能力之间的关系，或者说思维与语言之间的关系。范畴化、原型理论、构式等问题是认知语言学的经典研究领域。认知语言学在研究方法上不再局限于内省法，而是借助实证研究，如语料库研究方法，使研究成果更有说服力(束定芳2013)。认知语言学对人类认知能力的关注、基于"用法"的研究视角，即强调语法结构来源于实际语言使用，并与实际语言使用互动等基本研究思想与本书的研究主旨是一致的。本书借鉴激进构式语法，不同语体的认知加工过程等认知语言学成果来支持相应观点。

1.2.2　语篇与语法

本书是从真实的语篇入手来研究语法。语篇与语法既有区别又有密切的联系。正如 Du Bois(2003a)指出的那样，语篇和语法的区别是显而易见的：语法研究的对象是句子，而语篇是超句组织；语法通过规则限制可选性，而语篇是说话者自由表达的结果；语法具有普适性，而语篇由于不同说话者的想法和意愿的不同而千差万别；语法是不包含意义的，语篇的核心是语义和语用；语法在某种程度上是无意义的，而语篇则是最后的成品，包括各种交际因素、认知因素、思想和美学因素等在内的综合体。

但是我们又不可否认语篇与语法之间存在密切的联系，就语篇和语法的相互关系，Du Bois 提出了三个理论假设：一是言者通过已知的语法结构来认识自己的表达目的；二是语篇中言者所反复出现的结构不是语法规则能够预期的；三是语法结构倾向与语篇模式共同演化，即“语法乃言者着力之码”(Grammars code best what speakers do most)[①]。我们认为语篇与语法是一种平行对应关系，虽然并不是绝对一致，但语法背后一定有功能动因，因为语言的本质功能是交际。

方梅(2007：5－6)指出从历时的角度看，存在从章法到句法的演变过程，“高频使用是固化的重要成因。语法演变涉及两种频率：一是型(type)的频率，二是例(token)的频率。型的频率意味着更高程度的抽象化，结构的语法性质的变化主要体现在型的频率上”。可以说，“语法是在运用中逐渐成型的、同时也是不断变化的，功能需求塑造了语法”。

① 译文参考方梅(2005：165)。

1.2.3　语篇功能视角

本书的主要思路是从语篇功能视角来观察汉语关系从句种种句法表现，并提供合理的解释。为了努力寻求句法现象背后的功能动因，我们不断吸收功能学派的理论和方法，把国外较先进的研究成果应用到汉语研究中。依据该视角，我们将介绍几组与本书研究密切相关的概念。

信息流(information flow)是功能学派广泛使用的一个概念。信息流反映了言者在交际过程中的信息包装方式，是言者基于听者的设想以及其他交互因素而进行语言编码。信息流理论包括新/旧信息、可识别/不可识别、意识状态、指称、前/后景等概念以及这些概念对语法编码的影响。

Chafe(1987)提出信息的三值系统，即在新信息和旧信息之间还有一种中间状态，即可及信息(accessible information)。Chafe 对这种分类提供了一个心理学的基础。在他看来，由各类词组所表达的语言观念在任意一个交谈时点都可能处于以下三类意识状态的某一状态之中：活动状态(active)、半活动状态(semi-active)和非活动状态(inactive)。活动状态对应旧信息，半活动状态对应可及信息，非活动状态对应新信息。可及信息包括两种情况：在一定时间以前提到过的概念或由框架引起的而上文未提及的概念。在实际言谈交际过程，言者不断将未知信息转化成已知信息，而在听者的大脑中正好相反，这些信息由活动状态转入半活动状态甚至非活动状态(可参见陶红印 1994)。

优先论元结构(Preferred Argument Structure)是 Du Bois (1987)提出的。该假设旨在说明表层的句法形式背后有一个言谈的基础，即新旧信息的分布。他发现，作格(A)位置上的参与者一般都是已知信息，而通格(O 和 S)位置上最常出现的则是新信息。这种已知、未知信息的分布正好与表层句法形式的对立形成照应。优先论元结构既不是一个语篇结构也不是一个句法结构，而是一种语篇倾向，既是语法的也是语用的。优先论元结构具有跨语言的共性(Du Bois et al. 2003c)，但是为什么世界上的语言在表层句法并不都表现为通作格形式呢？Du Bois 用"竞争动因(competing motivations)"给出了解释。所谓"竞争动因"至少包括两个方面的动因：一是新旧信息的分布模式，语言中的语法形式必须对新旧信息做出表示；二是"主题连续"(topic continuity)，S 和 A 经常典型地表现为指人、施事和话题。不同的语言可能对这两个动因有不同的反应：前者胜出，则将新旧信息的分布模式加以语法化，形成表层结构的通作格模式；后者胜出，则将主题连贯语法化，形成主宾格语言。

从对新旧信息概念的解读到优先论元结构的诠释，非常清晰地可见在自然语言中语篇功能动因对语法形式的塑造。其他相关概念见本书相关章节的介绍，这里不再一一赘述。

1.3　研究内容

本书的研究内容主要包括两个方面：一是通过汉语关系从句检验已有的类型学假设；二是立足汉语自身的特点加强汉语关系从句研究。

通过汉语关系从句检验已有的类型学假设，包括检验 AH 假设、通格假设和优先论元结构。Keenan & Comrie(1977)提出的 AH 假设是影响最大的可及性假设，在母语习得和二语习得研究领域得到了广泛的应用和检验，而 Fox(1987)基于语篇功能而提出的"通格假设"同样具有跨语言的普遍解释力。目前 AH 假设和通格假设在英语书面语料中的验证是有争议的，而且汉语关系从句和英语关系从句存在较大的差异，基于书面语料的汉语关系从句对 AH 假设和通格假设的检验，有利于验证和补充相关的理论假设，也有利于对汉语关系从句的深入研究。关系化并不会导致“优先论元结构”的中断(Fox 1987)，目前尚未见到基于某一具体语言的关系从句事实来全面验证 PAS 的文献，本书将讨论汉语关系从句是否遵循 PAS，并在此基础上讨论汉语关系从句的语篇功能和语篇分布。

立足汉语自身的特点加强汉语关系从句研究，包括汉语关系从句的谓词类型、核心名词的指称类型以及指数量标记等问题。从汉语关系从句的谓词类型入手，揭示不同的谓词类型在句法语义结构和语篇分布方面表现出的不同特点，以及及物动词论元在数量和角色省略方面的倾向性，并从语篇功能的角度给予初步的解释，从而为汉语关系从句范围的划定提供事实依据。从核心名词的指称类型入手，改变以往多从“有定”和“无定”范畴讨论核心名词的指称类型，而是采用单指、类指和无指的划分方法，讨论不同类型的汉语关系从句在语义属性和语篇功能方面的差异性，并结合语义和语篇功能来进一步解释相应的句法现象。从指数量标记入手，讨论指数量标记有无的对立，前后顺序的对立以及内部小类在语篇分布上的差异，从而强调指数量标记的使用并不是由句法语义层面决定的，而是由篇章层面的因素决定的。

1.4　研究方法和语料选择

1.4.1　研究方法

本书立足篇章语法的研究框架，以汉语关系从句为切入点，验证已有的类型学假设，讨论句法形式背后的功能动因，强调语言材料的真实性、对语境的重视、对语体分类的讲究、对信息结构的重视与系统性分析、对使用频率的重视，对共时或历时句法现象的关注。拟采取的研究方法有：

语料库的研究方法。本书自建语料库，采用叙事语体来考察汉语关系从句的语篇功能。语料来源共计 40 万字，根据不同的文本我们分别建立了两个小型语料数据库，目的是为了了解汉语关系从句的语篇分布、语篇功能以及影响因素。

我们对每个汉语关系从句从关系化对象、谓语类型（及物/不及物动词、形容词）、谓语表现形式（简单/复杂）、论元数量、主句位置、核心名词的生命性、核心名词的信息地位、核心名词的指称性质、核心名词的语篇延续性、论元 A/O 的句法表现以及信息地位、RC 的字数、RC 的数量、RC 是前景或后景、RC 是叙述或描写、RC 是描写或识别、修饰语的数量、指数量标记的类型及位置、“一+量”结构的量词类型、篇章用法以及指称地位等 25 个字段来进行标注、统计和分析①。

统计的研究方法。本书的研究是基于真实语料的统计和分析，统计表格超过 50 张。当统计数据倾向性不明显或者需要强调统计学意义时，我们运用 SPSS 软件进行相关检验，具体的统计方法有二项检验（见第三章、第七章）、单因素方差分析（ANOVA）、t 检验以及卡方检验等（见第七章）。

定性和定量相结合。金立鑫（2014）强调科学研究要求实证，即先拿出研究样本，再对其进行观察（如语言学观察的方法是描写），然后得到隐藏在现象背后的规则，并对其进行理论解释。对于科学研究，程序的正确性比结论的正确性更重要。语言学如果要作为一门科学，其分析或证明过程必须是可见的，其方法是可操作的，其结论是可重复的。由此可见，定量分析的论证过程也许比定性分析更加重要，两者有机结合才能保证研究成果的相对可靠性和有效性。

1.4.2 语料选择

关系从句的语篇功能会因语体差异而有不同侧重，详见方梅、宋贞花（2004）、张伯江（2005）、方梅（2007）等。对语体的分类

---

① 除了以上 25 个字段之外，自建的语料库中还包括页码、实例等字段。

不能满足于口语和书面语两分法，语体分类存在多角度的特性。陶红印(1999)将“传媒”和“方式”作为两个基本纬度用来考察各种语体。方梅(2007：1)提出“如果关注语篇的语法面貌，与传媒和方式具有同等重要地位的因素是功能类型。着眼于功能类型，叙事语篇和非叙事语篇的差异是基本的差异。叙事语篇的宏观结构依靠时间顺序来支撑。”我们根据本书的研究目的和研究内容来选择语料。

我们选择书面叙事语体作为语料来源。Chafe & Danielewicz(1987)详细讨论了口语和书面语的区别，书面语体更适合考察复杂的语言装置，因为相关数据在口语中不出现。Pu(2008)指出关系从句的复杂性，决定了其在书面语体中出现的比例要高于口语。我们认为关系从句作为一种复杂的语言表达形式在书面语中会有更高的出现频率。之所以选择叙事语体，主要考虑到有些现象多见于叙事语体，如前景与后景，而且目前对汉语关系从句的研究多见于口语和大型书面语料库检索，基于书面叙事语体穷尽性进行统计研究的比较少见，所以本书选择书面叙事语体作为语料来源。

本书最终选择老舍的《四世同堂·饥荒》(以下简称《饥荒》)和王朔《我是你爸爸》(以下简称《爸》)作为语料来源，共计 40 万字。两者在风格、题材等方面具有相似性[①]：老舍和王朔都是京味作家，都用北京话进行创作；这两部小说均属于家庭题材，采用第三人称叙述的方式，均为叙事语体；字数相当，《饥荒》字数为 19.6 万字，《爸》字数为 20.3 万字；在时间跨度上，老舍的作品代表半个世纪前的北京口语，而王朔的作品代表当代北京口语的风

① 当然，这两部作品也存在一定的差异，比如前者是展示大时代背景下的一个家庭的命运，人物众多；而后者的时代背景比较淡化，主要体现父亲和儿子之间的感情纠葛，人物较少，这种差异也会影响关系从句的语篇分布，详见第四章相关部分。

格，有利于我们对汉语关系从句功能的全面考察。我们只考察作品中的叙述部分，不考察其中的对话部分。

陶红印(1999：23)强调“语法研究必须以具体的语体为中心。也就是说，在任何条件下，以一个个具体语体为中心的探索将永远会是必要的。只有弄清楚了多种主要语体中的语言现象，才有资格和信心来描述不同语体之间的共性有多少、差异有多少，才有可能回答涉及汉语全貌的重大语法理论问题。”“以语体为核心的语法描写是语言研究最基本的出发点。”联系本书的研究，我们选择的是书面叙事语体，所以相应的语法描写和语法解释都是关于汉语书面叙事语体中关系从句的相关表现和规律，虽然局限某一具体语体，但这种探索也有助于汉语关系从句整个课题的研究。

1.5 本书的结构

本书共分为八章。

第一章为绪论。具体阐述研究对象、理论准备、研究内容、研究方法和语料选择，为开展后续研究打下基础。

第二章介绍汉语关系从句的研究现状。回顾汉语关系从句研究的国内外现状，包括汉语关系从句的界定及范围、汉语关系从句的形式语义特征方面的研究、汉语关系从句的语篇功能研究以及相关的实证研究成果。汉语关系从句是真正具有汉语“特色”的语言现象，目前对这一课题的关注还很有限。综观目前国内外此课题的研究现状，启发我们从语篇功能的视角来加强对汉语关系从句的研究。

第三章从汉语关系从句看 AH 假设和通格假设。AH 假设作为影响最大的可及性假设，在母语习得和二语习得研究领域得到了广泛的应用和检验，而与之相对的通格假设同样具有跨语言的普遍解释力。基于汉语关系从句来验证 AH 假设和通格假设，分析两大假设的不同预测能力，认为通格假设较之 AH 假设能更好地解释汉语的关系化现象。

第四章优先论元结构和汉语关系从句的语篇功能。本章从信息流因素考察汉语关系从句是否遵循优先论元结构，并在此基础上讨论 S-RC、A-RC 和 O-RC 的语篇功能以及语篇分布情况。注重语法形式和语篇功能的对应关系。

第五章汉语关系从句的谓词类型与论元分布。本章具体考察汉语关系从句的谓词类型和论元分布情况，引入事件谓语和属性谓语的概念，提出鉴别形容词构成关系小句的句法标准，揭示不同的谓词类型在句法语义和语篇分布方面表现出的不同特点，以及及物动词论元在数量和角色省略方面的倾向性，并从语篇功能的角度给予初步的解释，从而为汉语关系从句范围的划定提供事实依据。

第六章汉语关系从句的指称类型与语篇功能。本章认为采用有定无定范畴来研究汉语关系从句会制约汉语关系从句的深入分析，重新讨论汉语关系从句的指称类型，将汉语关系从句分为有指关系从句和无指关系从句，有指关系从句又分为类指关系从句和单指关系从句。在此基础上，揭示不同类型的汉语关系从句在语义属性和语篇功能方面的差异性，并结合语义和语篇功能来进一步解释相应的句法现象。

第七章汉语关系从句中指数量标记分布的语篇功能解释。本章从语篇功能的角度对汉语关系从句的指数量标记进行全面的考察与分析。讨论指数量标记有无的对立，验证指数量标记“前景化”功能假设；讨论指数量标记前后顺序的对立，从关系化的对象、生命性、信息地位、关系小句的语篇功能以及语篇显著性五个方面来进行比较；关注“一+量”结构在关系从句中的指称管理功能。

第八章结论。总结全书，提出今后的研究方向。

第二章 汉语关系从句的研究现状

2.0 引言

关系从句是典型的复杂结构，是一个重要的语言学课题，因而吸引了大量不同角度的研究。目前已有针对关系从句某一方面研究成果的综述，如介绍关系从句加工难度研究（吕杰、肖云南 2007）、汉语关系从句加工研究现状（孙晓霞、成晓光 2011）、宾主关系从句加工的不对称性（何文广、陈宝国 2011），介绍关系从句二语习得研究（张铭涧 2011），还未见到专门针对汉语关系从句研究现状的全面介绍。本章拟对汉语关系从句国内外研究文献进行梳理，从理论研究到实证研究，综合类型学、形式学派、功能学派、认知学派以及实证研究等相关成果，以期更加全面认识汉语关系从句的个性特点，总结存在的问题，为进一步的研究提出建议。

2.1 汉语关系从句的界定及范围

汉语传统语法长期缺乏"关系从句"的概念，关系从句这类现象通常被看成是偏正结构的一个类型，即一种复杂的名词性偏正结构。朱德熙《"的"字结构和判断句》（1978a，1978b）较早涉及了汉语关系从句的概念，虽然没有采用“关系从句”的名称，但是“潜主语”、“潜宾语”的概念将一般意义的定语从句和关系从句区分开来。20 世纪 80 年代随着当代类型学的研究理念和研究方法不断引入我国，一些学者从语言共性的角度，来重新审视这一普遍性的语言现象，才明确提出“关系从句”的概念。“关系从句”是源于印欧语的概念，如何立足汉语自身的特点来界定汉语关系从句以及相应的汉语关系从句的范围问题，目前学术界并没有明确一致的看法。

2.1.1　国外通行的关系从句的定义

国外通行对关系从句的定义多从类型学或者语义功能的视角对关系从句的定义，如 Keenan & Comrie（1977）、Downing（1978）、Lehmann（1986）、Grosu & Landman（1998）、De Vries（2002）、Andrews（2007）、Hendery（2012）等。由于世界上各种语言的表层语法结构差异很大，为了探讨关系从句的共性，只能采取类型学或者语义功能的定义方法。Keenan & Comrie（1977）从类型学的视角对关系从句的定义是对典型关系从句的定义。他们考察了 50 种语言的关系从句，最终从语义的角度对关系从句加以定义，该定义具体表述如下（定义中文翻译及例子分析引自许余龙 2012：645）：

如果一个句法结构可以分成如下两步来具体确定一个实体的集合（可能是一个成员的集合），那么这个句法结构便是一个关系从句。首先确定一个母集，称为关系化领域（the domain of relativization）；然后通过某个语义为真的句子（称为限定句）将其限定为某个子集。在表层结构中，关系化的领域由一个核心名词（head NP）来表达；限定句（restricting sentence）由一个限定小句（restricting clause）来表达。例如：

（1）　the girl (that) John likes

例（1）为关系从句结构，关系化领域是核心名词 girl 表达的一个包含所有女孩的母集。限定句是 John likes her；而限定小句是(that)John likes。显然，要使 the girl (that) John likes 正确指称某个实体，该实体必须处于关系化领域中，并且限定句 John likes her 表达的真值条件义为真。在此例中，这个子集仅含单个元素，即 John 所喜欢的那个女孩。由此可见，在表层句法结构中，一个关系从句由两部分组成，即核心名词短语 the girl 和限定小句(that)John likes。限定句中与核心名词短语 the girl 同指的 her 称为被关系化的名词短语(简称 NP_{rel})。

Keenan & Comrie(1977)的定义是对典型关系从句或者限制性关系从句的定义[①]。该定义不包括非限制性关系从句以及某些有争议的、勉强够格的结构类型，如 John is no longer the man that he used to be(约翰不再是他过去常是的那个人了)(此例及后两例引自科姆里 2010：167)，其中小句 that he used to be 的功能很难说是限制 the man(那个人)的所指范围，

但是，从另一种意义上讲，这个定义是比较宽泛的，是可以包括非限定(分词)结构以及限制性修饰形容词，如 passengers leaving on flight 738 should proceed to the departure lounge(乘坐 738 航班的旅客请到候机室去)；the good students all passed the examination(凡是好学生都通过考试)，因为这些结构直接易懂的释义就是传统意义上的关系小句(passengers who are leaving[乘坐某航班的旅客]，the students who are good[好的学生])。

采用类型学的方法，或者从语义功能的角度对关系从句加以定义，可以忽略各语言之间关系从句结构的句法差异，但带来的后果就是关系从句的范围比较宽泛，只要关系小句是对核心名词起限定作用都可以看作是关系从句。

---

① Keenan & Comrie(1977)研究对象只包括有定核心名词的限制性关系从句。

De Vries(2002：14—15)对类型学的相关定义进行修正，指出用“同指”、“断言”描述关系从句语义特征是有不足的，一般“同指”是指关系从句内部和外部存在共指关系，“断言”是指关系小句对核心名词的断言，在这样的句子中“I saw $John_i$. He_i looked sad.”第二个小句同样符合这两个特征，但它不是一个关系小句。De Vries 以枢轴(pivot)观来定义关系从句，并认为这一定义是基于语义和句法的：(1)关系小句居于从属地位；(2)关系小句通过枢轴结构与周围的结构相联系；(3)枢轴结构在关系小句中的语义和句法角色与它在关系小句之外的角色无关。

枢轴观突破语言的线性表达，以一种立体的视角来观察核心名词在关系小句和主句中的双重作用。作者围绕枢轴问题力图为自然语言的关系从句结构提出一个统一的解释方案。

Hendery(2012)在 Andrews(2007)定义的基础上，强调从功能的角度界定关系从句的重要价值。Hendery 认为越是依赖功能而不是形式标准的定义，越能关注到跨语言的不同变体；相反，规定的形式标准越多，在跨语言研究中找到的关系从句变体越少。所以他采用的几乎是纯功能的定义：

1. 关系从句包含某一形式的动词(不一定必须是限定的)；
2. 关系从句通过某一种形式与其他小句相联系；
3. 关系从句通过关系小句所描述的语境来具体分析名词性短语所指的角色来缩小名词性短语的所指。

符合以上三个特征的结构就是关系从句。

综观国外学者对关系从句的经典定义，从 keenan & Comrie (1977)、到 De Vries(2002)、到 Hendery(2012)等，都是采用语义、功能及形式等综合性标准。采用这种综合标准，正如 Hendery (2012)所提及的那样，可以涵盖形式多样的结构，有利于跨语言的研究和调查，但是具体到某一种语言，如汉语，单一标准是否可行，而且又能兼顾跨语言的研究价值，这是需要进一步探讨的问题。

2.1.2 汉语关系从句难以界定的原因

相对汉语关系从句，英语关系从句得到了更广泛的研究，为了更好地了解汉语关系从句难以界定的原因，我们先来了解一下目前对英语关系从句的定义。英语关系从句为后置型修饰从句(post-modifying clauses)，关系小句通过关系代词“that, who, which 和 whose”等引入，关系从句可以通过关系代词来识别(Quirk et al. 1985; Biber et al. 2000)。汉语关系从句为前置型修饰从句(pre-modifying clauses)，而且在汉语中所有定语一律前置，一般定语和从句定语都在核心名词之前，没有专门的关系从句标记。具体比较如下：

首先，英语作为 SVO 语言，其领属格、指示词、数词、量化词、形容词等定语类型都是前置的，而关系从句是后置的，语序上的分野有助于我们确定关系从句的范围：

(2) a beautiful woman

(3) the woman who is beautiful

虽然表达相同的语义，不同的语序特征就可以做出区分，例(2)是形容词定语修饰名词，例(3)是关系从句结构。而汉语同样作为 SVO 语言，“所有定语一律前置于核心名词，这是汉语名词短语最根本的语序特点”(刘丹青 2008: 4)，也是造成汉语关系从句范围难以划定的根本原因。如汉语“漂亮的妇女”无法一下子从形式上判断其是形容词作定语还是看作关系小句作定语。

其次，英语关系小句由关系代词引导，关系代词起着关系从句标记的作用，可以通过关系代词判断相应的关系从句类型。而汉语没有专门的关系从句标记，采用的是泛定语标记“的”。刘丹青(2008: 9—11)指出汉语定语标记有两大特点：一是使用泛用的定语标记；二是“的”是非强制性，“是一个兼有句法、语用和韵律功能的定语标记”。“标记单一，专用定语标记只有‘的’。这个后置性助词用于很多不同种类的定语，如领属语、名词/区别词属性定语、形容词定语（包括性质形容词和状态形容词）、动词及关系小句充当的定语等。这些种类的定语在其他语言中很可能使用多个不同形不同质的标记。例如英语的领属格后缀-s、形容词构词后缀（名转形的-al 等）、分词形态-ing 和-ed、介词 of、关系代词 that/who 等。”而且“的”是非强制性，“是一个兼有句法、语用和韵律功能的定语标记”。“有些句法条件下‘的’是必用的，不能省略，如‘（你看好）小张的行李’中具有句法性，另一些条件下‘的’隐现由语用或韵律等因素决定”，如：“红（的）花”、“漂漂亮亮（的）一件衣服”在句法语义上并没有显著性的差异，因而又具有非句法性。

第三，英语的动词存在定式和非定式的显性差别，汉语的谓词主要由动词和部分形容词充当，但是动词或者形容词充当定语和充当谓语并没有形式上的区别，所以关系从句的范围在理论上就非常广泛。以下几种类型都可以看作关系从句（例句摘自刘丹青 2005a）：

（4）学生买[t_i]的书$_i$/[t_i]买书的学生$_i$

（5）游泳的学生

（6）聪明的学生

（7）买的书

（8）买的学生

刘丹青（2005a：8）指出例（4）是及物动词作谓语，“对于这类主动宾齐全的小句，将其主语或宾语提取出来作核心名词，在关系小句中留下一个与核心名词同指的语迹，这是最典型、最少争议的关系化结构”。例（5）和例（6）分别是不及物动词和形容词充当小句谓语，在汉语中，也可以看作和及物谓语一样，提取主语构成关系小句，但在其他语言中，例如英语，分词形式和形容词也能作定语，并不看作关系小句。例（7）和例（8）及物动词的论元有所省略，“在英语这样的语言中，一方面存在定式动词和非定式动词的显性差别，另一方面主语要求强制性出现，及物动词的宾语一般也要求出现，因此相应的意义只能用分词来修饰名词，如 the bought books，不能用关系小句。但是在汉语中，既缺少动词定式和非定式的差别，又存在主宾语省略都较自由的现象，因此‘买的书’、‘买的学生’也可以看作关系小句修饰名词。但是，比起论元齐全的及物动词谓语，这种关系从句显然是不太典型的”（刘丹青 2005a：8）。

由此可见，汉语所有定语语序趋同又无法通过添加标记来加以区分，“各类定语都挤在左侧且所用标记单一”；“谓词在充当定语时与直接充当谓语时没有形态上（如限定非限定范畴）的清晰区别”（刘丹青 2008：12），动词、形容词甚至名词也可以具有述谓性；句子较容忍论元省略，造成汉语关系从句难以界定，范围难以划分。

2.1.3 汉语关系从句的两个代表性定义

目前对汉语关系从句的定义主要可以分成：从语义功能的角度和从句法的角度，前者以唐正大（2005）为代表，后者以刘丹青（2005b）为代表。

从语义功能的角度。唐正大（2005：26）对关系从句的定义概括为三条：（1）用一个小句或类似于小句的成分所表示的命题对核心名词所指对象的范围进行限定；（2）该命题对于限定后的所指对象来说为真；（3）该命题中须有一个参与者（participant）与核心名词具有同指关系。（这里的同指即所谓“关系”；将某个名词性成分提取出来作核心名词，就是“关系化”）。简言之，“关系从句在语义上必须表达一个命题，在句法上是个小句或类似于小句的成分，与核心名词的关系上是同指”（同上：26），用三个关键词写出这些标准为：

（9）命题、小句、同指

如：

(10) [t_i]穿着军裤的老头$_i$

同指：t_i＝老头

命题：存在至少一个老头，他穿着军裤

小句：（有个/有些/那个/那些老头）穿着军裤

唐正大根据“命题、小句、同指”的标准判定出典型的关系从句，同时根据认知框架和显著度理论补充定义出非典型的关系从句。典型关系化提取的是认知框架内能够作句法论元的概念，非典型关系化提取的是其中不能做句法论元的概念，诸如“屠夫切肉的刀、农民施肥的技术”。

基于语义和功能角度对关系从句的定义存在一定的不足。唐正大(2005)“命题、小句、同指”的概括，虽然简洁，但也同样会落入了 De Vries(2002)指出的问题，“我喜欢小明$_i$，因为他$_i$ 很诚实。”第二个小句全部符合“命题、小句、同指”的特征，但不是关系从句。所以这样的概括存在一定的问题，无法做到有效突出关系从句的典型特征。

基于句法角度的定义。刘丹青(2005b：194)根据汉语的实际情况，以句法为标准来定义汉语关系从句。所谓的关系从句①，“即作定语的主谓短语及部分动词短语，就是从句所修饰的核心名词在从句中也有一个句法位置，包括主语、宾语等，可能是空位，也可能有代词复指”。如：[t_i]开车的人$_i$，“开车”修饰“人”，这个“人”是“开车”的主语，与“开”前的空位 t_i 同指；他开[t_i]的车$_i$，核心词“车”是“他开”的“宾语”，也即与“开”后的空位 t_i 同指。“开车”和“他开”都是关系从句。有些关系从句的核心词在从句中有一个同指的代词，不再是空位，如“我给他$_i$ 书的那个人$_i$”，“他”和“那个人”同指。刘丹青指出“并非所有作定语的从句都是

① 刘丹青(2005b)对关系从句的定义相当于本书对关系小句的定义。

关系从句,假如从句所修饰的核心词在从句中没有同指的空位或者代词,并不是关系从句。”如:“我们去旅游的计划”,“计划”在从句“我们去旅游”中没有同指的空位或代词,其从句便不构成关系从句。

根据唐正大、刘丹青的定义,可以明确汉语关系从句的核心名词在关系小句中必须有相应的句法位置,如果没有句法位置,提取的是非句法论元成分,可以看作非典型的关系从句;至于形容词作定语,可以看作关系从句,但“重点调查由动词短语作关系小句的情况,特别是主谓齐全的小句作关系小句的情况”(刘丹青 2005b: 202)。

2.2 汉语关系从句的形式和语义特征研究

本节主要回顾汉语关系从句形式和语义特征方面的相关研究,主要介绍类型学、形式语法对这些问题的研究成果。

2.2.1 汉语关系从句的标记及类型

由于缺乏类型学的视野,汉语学界对“关系从句”很少关注,“关系从句标记”(relativizer,或称“关系化标记”)的观念更是缺乏(刘丹青 2005a: 3)。由于普通话中关系从句采用泛定语标记“的”,无法通过“的”来确定关系从句以及内部分野,国内的学者多从方言入手,来考察方言中关系从句的标记及类型,以此反观普通话中汉语关系从句的情况。如刘丹青(2005a)考察汉语及方言中“的”类泛用定语标记以外的一些关系从句标记手段包括:北京话及粤语的指示词或指量短语、吴语的量词、吴语中有体标记作用的“在里”类复合词。他发现,关系从句的典型和不典型之别在吴语量词型关系从句上表现得非常明显。苏州话单个的谓词(包括及物动词、不及物动词、性质形容词),都不能带量词作定语,这些作为关系从句正好都是不典型的。陈刚(2012a)考察北京话中数词"一"的关系从句标记功能，分析了与"一"相关的典型关系从句结构，认为"状态形容词＋一＋核心名词"是关系从句结构，而"性质形容词＋一＋核心名词"则不是。唐正大(2008)考察关中方言，发现不存在单音节形容词加"的"作核心名词修饰语的情况，复杂形式的形容词在加"的"和不加"的"的情况下基本上都不能作核心名词的定语，所以排除了形容词看作关系从句的理论麻烦。还有力提甫·托乎提(1995)、焦妮娜(2009)、张金圈、储泽祥(2011)、唐雪凝、张金圈(2013)对民族语言中关系从句的刻画和对方言中定语标记的历时描写等。

2.2.2　关系化的策略

关系化又称关系从句构成，是对句子中某个句法位置上的名词短语所作的一种句法操作(许余龙 2012：643)。目前的研究主要集中在以下两个问题：一是汉语关系从句是否存在空位的问题；二是关系化的难度等级问题。

汉语关系从句是否存在空位的问题。形式语法认为英语关系从句是移动生成的，而对汉语关系从句的构成则存在两种不同的看法：一种认为汉语关系从句同样涉及移动，如 Ning(1993)、Del Gobbo(2003)、Aoun & Li(2003)、熊仲儒(2005)、王琼(2006)、陈宗利(2007)、刘礼进(2010)；另一种认为汉语关系从句不是移动的结果，如杨彩梅(2008)提出，汉语关系化当中没有移位现象，汉语关系结构由外部合并生成。周敏、韩景泉(2012)认为移位和非移位说都存在弊端，采用语段理论来重新分析汉语关系从句的生成。

类型学研究同样关注汉语关系从句的构成，也存在两种看法：一种认为汉语关系从句的构成涉及移位，即关系化的名词成分从小句中移出成为核心名词。如沈家煊(1996)、陆丙甫(2001)、刘丹青(2005a)、唐正大(2007)、王远国(2011)；另一种认为汉语关系从句不同于欧洲语言的关系从句结构，如 Comrie

(1998,2002)认为,欧洲语言的关系从句涉及缺位,而许多亚洲语言的关系从句应视为定语从句,因其不涉及论元提取,不存在填项—缺位(filler-gap)的依存关系,只是"把修饰从句依附到核心名词上"(转引自张铭涧 2011: 39)。Shibatani(2009)以名词化为基础来分析关系化,而不是以关系化作为名词化的基础,实质就是认为关系小句可以独立,不依赖核心名词,不涉及移位。

关系化的难度等级问题。句子成分的关系化有难易程度之分。Keenan & Comrie(1977)提出 AH 假设来说明名词成分关系化的优先顺序,即名词短语关系化的优先顺序遵守如下一个从左到右依次递减的等级次序(其中的">"表示"比后一个可及性高"):

主语(SU)>直接宾语(DO)>间接宾语(IO)>旁语(OBL)>属格(GEN)>比较宾语(OCOMP)

基于 AH 假设来验证汉语关系化的难度等级,研究者的观点不尽一致。如沈家煊(1996)认为汉语关系从句符合 AH 等级。丁彧藻、蒋平(2009)从语法化的角度发现汉语史上出现的各种前置型关系从句基本上都符合 AH。丁彧藻(2009)考察了汉英代词保留策略都符合 AH 预测,体现了语用 Q 原则,零形式也基本符合 AH 预测,但有例外,可归因到语用 R 策略[①]。

然而,刘丹青(2005a: 13)在考察汉语各方言的关系从句时发现,汉语关系从句存在优先提取宾语这一不符合 AH 的现象,提出两个可能的解释:一是经济原则,在汉语中,提取宾语时只要在动宾之间插入关系化标记,变动小,操作简单;提取主语时,主语和谓语还要换位,操作复杂;二是汉语关系从句极其特殊的语序类型,汉语是 VO 语言中唯一关系小句在核心名词之前的语言,

① 语用 Q 原则为"足量准则",语用 R 原则为"不过量准则"(详见 Horn 1984、1996,转引自丁彧藻 2009: 238)。

造成提取宾语比提取主语更省力的情况。许余龙(2012,2013)发现汉语关系化具有主语属格语与宾语属格语之间的不对称现象，而英语则没有，据此修正了汉语关系化中的AH排序，认为主语属格语的可及性高于宾语和旁语。王亚琼、冯丽萍(2012)认为AH假设不符合汉语关系从句的特点，提出汉语语义角色的关系化以及相应的关系化难度等级序列，但该序列仍旧是在AH假设基础上的修正和发展，并没有较大的影响力。

2.2.3　汉语关系从句的语序

汉语关系从句在类型学研究中具有很突出的特点，特别是语序类型极其特殊，根据Dryer(1992、2003)，在他分别所统计的625种和910种语言的样本库中，汉语语组(收了普通话、客家话、粤语、马来亚粤语四种变体)是VO语言中唯一关系小句在核心名词之前的语组。其他所有的VO语言中，关系小句都后置于核心名词(转引自刘丹青2005a：14;2008：6)。

汉语关系从句的语序特点是类型学研究的热点。唐正大(2006b)在观察多种语言关系从句材料的基础上，提出了三条与关系从句结构语序有关的原则：原则I：主语核心尽早确认；原则II：宾语核心紧靠动词；原则III：关系从句结构与主句结构有所区分。汉语关系小句前置于核心名词的语序，同时违反了两条最根本的原则，所以成了非常"孤立"的语言。刘丹青(2008：6-7)指出关系小句前置给汉语句法直接带来一系列重要后果，如造成一些汉语特有的歧义结构，如"咬死猎人的狗"；"限制了关系从句的长度，催生了多种减少大肚句的句法策略；催生了口语中的后置关系从句"。汉语这种特殊的语序还影响其他民族语言关系小句的语序，如李云兵(2008)归纳了一系列语言接触对中国南方民族语言语序影响的现象，其中就包括汉语对南方民族语言关系从句语序的影响，像临高语、侗台语、苗瑶语、仡央语等关系从句在不同程度上受到汉语关系从句的影响。吴福祥(2009)从接触语言学和语言类型学角度论证南方民族语言(侗台、苗瑶、南亚及南岛)关系小句和核心名词的固有语序是 N+Rel,部分语言出现的 Rel+N 模式是语言接触引发的演变和变异的产物,而触发这种演变和变异的语言正是"汉语"。

讨论指数量结构与关系小句的相对位置关系。目前已有的研究主要集中指数量标记前后分布差异的探讨,争论最多的就是指数量标记前后分布是否存在描写性和限制性的语义和功能上的差异(见 2.2.5),其次是否与不同的关系化类型相关联。唐正大(2007)在关系化理论背景下,讨论"关内式"即[指示成分—关系从句—核心名词]和"关外式"即[关系从句—指示成分—核心名词][①]这两种关系化结构的使用条件,发现在书面语中,关内式与主语关系化存在关联,关外式与宾语关系化存在关联;在无准备口语中典型的关内式几乎不说,关外式几乎一统天下,属于优势语序,并基于优选论对使用两种格式的制约条件进行分析。

汉语后置关系小句的研究。目前对后置关系小句主要从历时的角度加以考察,对共时系统中后置关系小句关注较少。董秀芳(2003)考察了法律文本中的后置关系小句、指出后置关系小句在汉语中古已有之,关系小句后置于核心名词的语序是一种优势语序,"即使在汉语在此类型学参项上表现独特的语言中也是存在的"(同上: 126)。石毓智、江轶(2006)探讨古汉语中后置关系小句的成因、功能以及消失的原因。

2.2.4 关系化与主题化

汉语的关系化与话题化存在密切的关系。一种认为关系化就是话题化,话题化操作和关系化操作存在平行关系。曹逢甫(2005)认为 AH 所反映的关系化可及性就是主题性,关系化与主题化存在密切的关系。文旭、刘润清(2006)称 AH 不适合汉语,

---

① 唐正大(2007)中的关系从句即本书中的关系小句。

引发这一问题的因素就是“话题”，似乎也认为关系化和话题化有平行关系。

另一种认为话题化是关系化的一种。袁毓林(1996)认为名词化标记“的”只能提取主语和直接宾语，因而双宾语句中的间接宾语(与事)和主谓句中的工具、时间、处所等格是不能直接用“的”去提取的。只有先通过话题化才能实现这些语义格的名词化(这里的名词化等同于关系化)。刘丹青(2005c：222－224)指出汉语领属义关系从句应看作来自话题结构而不是领属结构，否则汉语的关系从句构成了对AH严重的挑战。汉语关系从句可能并非真的违背可及性序列，只是在可及性序列中没有话题的位置。在可及性序列中，必须加进话题的位置，才能准确地预测话题优先语言中关系从句的构成规则。唐正大(2005：31)把提取话题的关系化操作也看作典型的关系化，例如“毒蛇咬的伤口、八十块钱一桌的酒席”认为这两个例子可以在独立于语境的情况下省略核心而成为无核关系从句(“的”字短语：毒蛇咬的、八十块钱一桌的)，这种无核关系从句对于核心的指称能力(“转指”能力)很强，却并不取决于AH中的位置。

系统地论述关系化与话题化的关系，见陈平(1996)、李大勤(2001)。陈平(1996)从语用角度将句法话题分成三种，即事例话题(instance topic)、框架话题(frame topic)和范围话题(range topic)，合理论述这三种话题与关系化、名词化之间的联系。李大勤(2001)在充分考虑词语指称差别的前提下把汉语的定语小句分为两类：一是通过移位操作生成的关系化小句，二是由基础生成的非关系化小句。“只有关系化小句对小句内成分的话题化移位是真正的移位禁区，而非关系化小句不构成禁区。因此区别关系化的定语小句和非关系化的定语小句是讨论的关键所在”(同上：13)，这也是汉语关系从句不同于英语关系从句的地方。

马诗帆、杨月英(2003)以广东话关系从句为研究对象，通过心理语言学实验证明，使用话题结构可以缩短听话者理解句子所花的时间，话题化的动机可能与成分的长度有关，同时话语—语用因素如已知信息和话题性也能引发话题化，也可解释汉语里出现的类型学上异常的 VO 语序和名词前的关系小句的组合，通过话题化把较重型的中心语居后成分前置。

2.2.5 限制性和非限制性问题

汉语关系从句的限制性和非限制性问题至今尚无定论。汉语关系从句不同于英语关系从句，英语非限制性关系从句与限制性关系从句，在关系代词的选择上有不同的表现，有语调上的区分，在书写时也有是否用逗号隔开的差别（科姆里 2010：162）。

由于缺乏这些形态标记，汉语关系从句研究一直存在着较大的争议。争议的问题包括：1)汉语关系从句有无限制性、非限制性之分？2)如果有，该如何来区分两者的不同？

大多数学者认为汉语关系从句存在限制性和非限制性的区分，如 Lin(2003)、陈宗利、温宾利（2004）、唐正大（2006a）、文旭、刘润清（2006）、方梅（2008）、陈玉洁（2009）、杨彩梅（2011）、韩景全、周敏（2012）等；少数学者，如 Del Gobbo(2005)、石定栩（2010）认为汉语关系从句没有限制性和非限制性的区分。

目前的研究成果主要是从句法结构的角度来证明两者的差别。赵元任（Chao 1968）根据关系小句和指示词位置的不同来区分关系小句的描写性（非限制性）和限制性，这一观点得到了一些学者的认同并加以修正发展，如陈宗利、温宾利（2004）认为带对比重音的是限定性的，否则是非限定性的。杨彩梅（2011）认为汉语关系小句限制性和非限制性区别存在于隐性句法，与语义上的区别相匹配。韩景全、周敏（2012）采用句法—语义不匹配分析法来说明汉语关系从句限制性和非限制性的区别。还有从认知语用的角度，如文旭、刘润清（2006）认为两种关系小句的区别主要取决于说话人在心理上赋予关系小句和核心语什么样的地位。陈玉洁(2009：178)认为定语的功能确实应该区分语义和语用层面,语义层面表现为描写性和区别性的对立,语用层面表现为限制性和非限制性的对立。

综上所述,关系小句的限制性和非限制性的根本区别是语义上的区别,即关系小句是否缩小核心名词的所指,句法、语用以及语音都是这种语义区别的表现;限制性和非限制性的区别并不是泾渭分明的,和许多范畴类别一样,是典型与非典型的区别,限制性是关系小句的典型成员。如何来区分限制性和非限制性关系从句是讨论的重点,但目前尚未达成共识,就是专有名词、人称代词以及其他指称明确的名词性成分构成核心名词,也未必保证构成非限制性关系从句,如:

(11) 你们会看到t跑得更快的刘翔。(石定栩 2010：326)

(12) 但是她好像浑身上下全变了,变成了一个他所不认识t的高第。(《饥荒》p. 92)

虽然例(11)核心名词为专有名词,根据石定栩(2010)的分析,例(11)构建了一个至少有三个成员的集合:过去、现在和将来跑得更快的刘翔这样三个成员,所以关系小句"跑得更快"是限制性的;例(12)同样也是构建了一个两个成员的集合:他所认识的高第和他所不认识的高第,关系小句也是限制性的。唐正大(2006a：226)认为这类关系小句具有事件谓语(s-level)的特征,修饰专有名词时只能理解为限制性。所以专有名词、人称代词充当核心名词的关系小句,一般是非限制性的,但要注意事件谓语的情况。

2.3　汉语关系从句的语篇功能研究

2.3.1　语篇功能视角的引入

将篇章语言学视角引入关系从句的分析,较早的研究当属

Bernardo(1979)(方梅、宋贞花 2004：113)。Bernardo(1979)对英语口语叙事体“梨子的故事”进行了详细考察，并且对叙事体中的关系从句的功能类型作出了划分，包括增加信息的(informative)和不增加信息的(non-informative)两大类型，不增加信息的关系从句内部还包括识别的(identificatory)、具体的(specificatory)等关系从句功能类型。“这种从信息结构限制着眼考察关系从句的思路，不仅为语法分析提供了新的视角，而且也为句法结构的存在提供了实际的解释”(方梅、宋贞花 2004：113)。

随着篇章语言学的发展，越来越重视互动因素对语言结构的影响，句法和语篇之间的互动关系也成为研究的重点。Fox(1987)采用英语日常对话语体从语篇功能的角度对关系从句的分布提出新的观点，即“通格假设”(the Absolutive Hypothesis)，认为是不同的语篇功能导致关系从句不同的分布特点，不及物主语(S)构成的关系从句主要起描写的功能，而直接宾语(DO)构成的关系从句主要起定位的功能，所以两者构成的关系从句在英语的自然语篇中具有较高的关系化比例。因为不及物动词主语(S)和及物动词的直接宾语(DO)被统称为“通格”，因此 Fox 认为是“通格”而不是“主语”这一句法成分是进行关系化操作时最为可及的句子成分，并将此称为“通格假设”。Hogbin & Song(2007)采用书面语料，考察了 18 和 20 世纪英语小说中关系从句的使用频率，来比较 AH 假设和通格假设的解释力，文中详细论述了英语关系从句的语篇功能。

Fox & Thompson(1990)利用英语对话语料，依据信息流理论对关系从句的句法分布特点进行解释，其采用的分析方法，如对核心名词的编码、对相应名词信息地位、生命性、有定性的关注，以及对关系从句定位机制及语篇功能的讨论，给后续研究带来了极大的影响，几乎在这之后所有的关系从句语篇功能研究都受到 Fox & Thompson 研究方法的影响。如 Ewing(1991)对印尼语关系从句语篇功能的分析，同样表明了信息流因素能够较好地解释印尼语书面语中关系从句特定类型的分布情况，并且强调语体因素会影响关系从句的出现频率（如 A-RC 的分布）。从语篇功能的角度来研究汉语关系从句的相关文献，如 Chen(1997)、Pu(2007)、Ming(2009、2010)、Ming & Chen(2010、2011)、陶红印(2002)、屈承熹（2006b)、江轶（2008）等也都借鉴了 Fox & Thompson(1990)的思路，可以说 Fox & Thompson(1990)奠定了关系从句语篇功能研究的范式。

汉语语法学界对关系从句的语篇功能研究，可以追溯到朱德熙《自指和转指—汉语名词化标记“的、者、所、之”的语法功能和语义功能》(1983)提出的指称和陈述的概念，“在汉语或英语中，所谓句法成分的提取实质上就是从一种陈述形态转化为一种指称形态”(陆俭明 1993：7—8)。由于汉语界对“关系从句”的研究起步较晚，目前国内从语篇功能的角度来研究汉语关系从句的文献屈指可数，如宋贞花(2003)、方梅、宋贞花(2004)、方梅(2004、2008)、余玲丽（2005)、屈承熹（2006b)、徐赳赳（2008)、刘艳(2008)、乐耀(2010)、刘礼进(2011)。

2.3.2 汉语关系从句的语篇分布研究

目前从语篇功能视角对汉语关系从句的研究主要集中在语篇分布的考察和解释。基本的研究思路都是通过语料分析，详细考察汉语关系从句的语篇分布类型，然后从语篇功能以及认知等视角来加以解释，但是由于所采取的语料的不同，如口语语体还是书面语体，叙事语体还是对话语体等，对关系从句分类方法的不同，如基于句法位置还是语义类型，以及解释视角的不同等造成目前对汉语关系从句的语篇分布并没有一致的结论。下面我们按照所采用的语料的不同来介绍相关研究。

陶红印(2002)采用口语叙事语体，按照关系从句的语义类型，即把关系从句按照核心名词的语义类型分成：指人、指物、指时间、地点及样子等五种类型，其中指时间的用法数量最多，其次为指人名词，陶红印认为要回答核心名词语义类型在叙事语体中不均匀分布情况，仅仅从语义上求解希望不太大，所以尝试通过研究不同语义类型的关系从句在叙事篇章中的功能来探讨它们分布的不均匀。时间类关系从句主要指示情节转移，指人关系从句最主要的功能是人物追踪，只有对叙事发展有重要作用的名词所指才有较大的可能受到关系小句的限定，叙事语体中关系从句表达的事件没有超前时间状态。陶认为是量的限制和话语表达手段的多样性这两个因素导致不同语义类型的关系从句具有不同的分布趋势。

与之相对，方梅、宋贞花(2004)采用口语对话语体，参考陶红印(2002)的分类方法，把关系从句分成：指人、指物和指时间三种类型。统计结果与陶文存在差异：指物的用法数量最多，其次是表时间的用法；指人关系从句最主要的功能也不是人物追踪，而是命名；对话语体中的关系从句有前时和共时状态，也有超前状态，尽管所占比例不大。所有造成这些差异的原因都可以归纳为叙事和对话不同语体之间的差异。关系从句作为一种指称手段，在不同语体中的功能差异确实存在。建立在细致的语体分类系统之上的语法描写，有助于揭示汉语语法中更多的规律。

同样采用口语语体的，还有 Chen(1997)、江轶(2008)。Chen(1997)按照生命性对汉语关系从句的核心名词进行分类，包括无生命的核心名词和有生命的核心名词。无生命的核心名词中，SO是分布最广的形式，其次是 OO；而有生命的核心名词中，主语关系从句超过宾语关系从句，不管核心名词在主句中充当什么句法成分(转引自 Ming 2009)。江轶(2008)通过语料库统计来考察现当代汉语口语交际中关系从句的分布倾向，考察证明有定性、话题性、生命性等认知交际动因和语言因素共同对关系从句的句法表现产生制约作用。

采用书面语体的，如 Ming(2009)、Ming & Chen(2011)、徐赳赳(2008)、乐耀(2010)。Ming(2009)从总体上证明核心名词的生命性和信息地位对关系从句分布存在影响，据此把汉语关系从句分成新信息-非指人、旧信息-非指人、新信息-指人以及旧信息-指人这样四类，然后再分别考察这四类关系从句与关系化的类型以及在主句主宾语位置分布上的关联，并从核心名词的定位机制、关系小句的语篇功能等角度作出解释，如新信息-非指人核心名词，其优势分布类型为 OS 和 OO，分布最少的是 SS，因为 OS 类型中核心名词通过主句主语得以定位，OO 类型中核心名词通过关系小句中的已知名词进行定位，所以两者是最受欢迎的类型，而 SS 类型与新信息-非指人核心名词不匹配，新信息-非指人既不符合主语的原型特征，主语关系从句又不能满足其定位的要求，所以数量最少。Ming & Chen(2011)还对多个关系小句修饰一个共同的核心名词情况进行考察，认为定位机制是首先要满足的条件。徐赳赳(2008)从关系小句的句法结构、出现位置、修饰成分来说明关系小句的语法特征，从关系小句在篇章中的分布、关系小句的复杂性、关系小句的缺失、关系小句的主语和被修饰核心词的所指关系来说明关系小句的篇章表现，主要是对关系小句的语法和篇章特征进行了描写。乐耀(2010)主要研究的是叙事语篇中的人物指称问题，通过"人物活动"来指称人物的就是"指人名词关系从句"(陶红印 2002)，在该文中"指人关系从句"主要用于引进人物和追踪人物，这与陶红印(2002)、方梅、宋贞花(2004)的观点有所不同，再次说明了语体差异对研究问题的影响。

同时采用口语和书面语体的，有 Pu(2007)、刘礼进(2011)。Pu(2007)认为有三个因素影响说话者对关系从句的使用，第一是认知因素，认为宾语关系从句比主语关系从句更加有标记；第二个因素是语篇-语用因素，如核心名词的信息地位、关系从句的语篇功能；第三个因素是核心名词的语义因素，如生命性、施事性、显著性等，这三个因素中，Pu 认为第一个因素是最重要的。Pu 只考察汉语主语关系从句和宾语关系从句在主句主语和宾语位置上的分布，发现汉语关系从句按照出现频率存在以下的语篇模式等级：SS＞OS＞OO＞SO，即 SS 是最受欢迎的，而 SO 是最少见的。刘礼进（2011）发现主语关系化在正式的书面语中更有优势，而宾语关系化在口语中更有优势，这种分布特点主要取决于语用功能动因。

可见，由于语体的差异，导致上述研究成果存在不一致的地方，甚至是矛盾的地方，所以以语体差异为出发点来进行相应的语法研究，有助于揭示汉语关系从句更多的规律，有助于相关理论的完善和发展。

2.3.3 指数量结构的语篇分析

在汉语关系从句中，指数量结构的使用是可选的，在句法上没有强制性，在句法位置上表现为可前可后，在语义上，指数量标记也没有统一的语义功能，所以指数量标记的使用并不是由句法语义层面决定的，而是由篇章层面的因素决定的。Pu（2008）、Ming（2010）、Ming & Chen（2010）从语篇语用的角度来考察汉语关系从句的指数量结构分布及内在的动因。这些文献都关注一个共同的问题即指数量结构前后语序的对立情况：Pu（2008）考察指数量结构的前后分布，Ming（2010）、Chen et al.（2015）考察指量结构的前后分布，Ming & Chen（2010）考察"一＋量"结构的前后分布。

Pu（2008）采用书面和口语语料，通过认知上的"闭合（Closure）"和"标记（Markedness）"理论对汉语关系从句中指数量结构的分布作出假设和证明，即：

（13）在汉语语篇中，无量词标记的关系从句要多于有量词标记的关系从句，因为无量词在语篇中是中立的、无标记结构；分离式关系从句的出现频率要比完整式关系从句高，因为量词置于关系从句之前起到标志即将出现的核心名词以避免句子加工过程中的语义模糊。(Pu 2008：149)

Pu认为指数量结构最主要的作用是为听读者对即将到来的复杂名词短语结构提供线索，其次还有两个作用即突出核心名词的新信息和话题地位、或者给核心名词分配某一特征。

Ming(2010)和Ming & Chen(2010)均使用兰卡斯特汉语语料库，研究思路也基本相似，即从核心名词的信息地位、关系化对象、核心名词的生命性、定位机制和语篇显著性、关系小句的语篇功能等来比较指数量标记前后对立在语篇分布上是否存在差异。其结论表明指量结构和"一＋量"结构前后分布的差异是一致的。

综上可见，目前对汉语关系从句中指数量结构的相关研究较少，而且主要限于对指数量结构前后对立情况的分析，而对于标记的有无、以及标记内部的差异几乎无人关注。正如Pu(2008)所揭示的那样，无量词标记的关系从句要多于有量词标记的关系从句(包括指量和数量结构)，既然无量词标记的关系从句是常态分布，那么是什么原因导致量词标记在关系从句中的出现，无量词标记的关系从句和有量词标记的关系从句在语篇功能上有什么差异，标记内部是否也存在分布上的差异，如指量结构和数量结构的具体分布情况，这些问题都值得进一步的考察。而且目前就指数量结构前后对立情况的语篇功能研究也是不充分的，这一问题同样是类型学、形式语法等共同关注的问题，如何获得句法、语义和语篇的统一解释是进一步研究的努力方向。

2.3.4　汉语关系从句的类型与功能

目前这方面的研究比较零星和分散，主要包括对汉语口语后置关系从句的研究，从前后背景理论对汉语关系从句功能的揭示等。

方梅(2004)受到篇章语言学研究视角的启发，通过对自然口语的考察，提出汉语中存在前置型关系从句，同时也存在后置型关系从句。前置型关系从句受“简单结构”限制，具有限定性，用来指称、识别某个实体。后置型关系从句较少受“简单结构”限制，具有描述性，用来提供新信息。后置关系从句形成的语用动因可以归结为两个信息表达原则：(一)单一新信息原则；(二)线性增量原则。后置型关系从句在汉语共时系统中处于从章法向句法转变的过程之中，还未完全语法化。

前后景是篇章语言学的重要概念。“叙事语篇中，构成事件主线、直接描述事件进展的信息属于前景信息。围绕事件主干进行铺排、衬托或评价的信息(如：事件的场景、相关因素等)属于背景信息”(Hopper 1979；Tomlin 1985；转引自方梅 2008：291)。屈承熹(2006b：171)对前后景特点作出假设：“如果不做特别标记，小句间的结合应是由后景向前景推进的过程。这个无标记序列称之为 BFP 原则(Background-to-Foreground Progression)。小句也可以通过从属结构(如各种关系小句结构、名词化结构、动词形式、连词等等)明确地标记为后景，这样其他的事件或者情景就更加明显地凸显为前景。”“前景信息与背景信息不仅仅是篇章功能差异，二者也对应于一系列句法-语义特征。”(方梅 2008：291)如 Hopper & Thompson(1980)指出前景信息小句往往对应于一系列高及物性特征，背景信息小句对应于一系列低及物性特征。运用前后景理论分析汉语关系从句现象的有余玲丽(2005)、屈承熹(2006b)、方梅(2008)。

余玲丽(2005)以认知理论中的图形-背景理论来探讨英汉关系从句，认为英语关系从句因组成策略的不同经常违背从后景到图形信息编排原则，汉语则很少违背此原则；英语关系从句可蕴涵图形信息，而汉语关系从句因句法限制则不可蕴涵图形信息。

屈承熹(2006b)认为汉语关系小句不同于英语关系小句，因其结构限制，即关系小句前置，只能表达后景。

方梅(2008)指出汉语中存在一类描写性关系从句，即核心名词具有定指性，核心名词主要为代词和指人名词，关系小句的作用不在于增加名词所指的可辨识性。方梅认为这类关系从句“无论表现行为主体的恒常特征还是某一时刻的动态特征，都是叙述主线之外的附加信息，不参与行为主体在所述事件中的动态过程，是背景信息”(同上：297)。

我们发现以上研究中对于“汉语关系从句是否表达后景功能”存在不同程度的结论：屈承熹(2006b)认为汉语关系小句只能表达后景，余玲丽(2005)表明汉语关系从句主要表达后景，而方梅(2008)只强调描写性关系从句表达后景，那么与之相对的限制性关系从句是表达前景还是后景并没有做出回答。我们认为前后景功能与关系从句的构成并没有绝对的对应关系，前后景功能主要表达的是一种语用关系，所以汉语关系从句前后景功能需要作进一步的细致考察。

2.4　汉语关系从句的实证研究

理论研究的成果可应用于语言习得、语言加工等实证研究，通过相应的研究来验证理论研究的成果。关系从句因其复杂的句法结构和丰富的类型学资源使其成为心理语言学、神经语言学以及语言习得的热点课题。我们根据实证研究采取的手段，分成句子加工、语言习得、语料库研究三个方面来介绍汉语关系从句现有的实证研究成果。

2.4.1　句子加工研究

主宾语加工优势之争。汉语关系从句独特的类型学特点，使得汉语在主宾语加工问题上，成为验证和评估现有句子加工理论的理想材料。目前支持汉语宾语关系从句加工优势的实验有：

Hsiao & Gibson(2003),Su et al.(2007),Chen et al.(2008),陈宝国、宁爱华(2008),周统权(2009),周统权等(2010),张强、杨亦鸣(2010)等。Hsiao & Gibson(2003)通过使用自定步速的阅读任务发现汉语关系小句修饰的核心词作主句的主语时,关系从句加工显示出宾语关系从句的加工优势。张强、杨亦鸣(2010)运用ERP技术同样对汉语主语位置上的主宾语关系从句加工进行了考察,也得出了宾语关系从句加工优势的结论。陈宝国、宁爱华(2008)考察在主句主语和宾语位置关系从句的加工情况,结果发现两种位置上都表现出宾语关系从句加工优势。

支持汉语主语关系从句加工优势的实验有:如Lin & Bever(2006),Kuo & Vasishth(2006),Lin(2008),张强、江火(2010),刘涛等(2011)等。Lin & Bever(2006)在汉语关系从句的研究中得出了主语关系从句加工优势的结论,认为汉语的关系从句加工符合人类语言的普遍共性,并且对Hsiao & Gibson(2003)提出语料控制上的质疑(转引自张强、江火 2010:19)。张强、江火(2010)运用ERP技术对汉语宾语位置上的主宾语关系从句加工进行了考察,得出了主语关系从句加工优势的结论。

目前"以印欧语言为代表的中心语前置关系从句基本支持主语关系从句加工优势"(刘涛等 2011:2),而以汉语为代表的中心语后置关系从句的研究结果存在不一致的地方,主语关系从句的加工优势是否具有语言类型上的普遍性目前还没有定论。

影响汉语关系从句加工难度的因素。与英语等印欧系语言相比,汉语关系从句的认知研究开展较晚。"在印欧语系研究的基础上,已经提出的影响因素主要包括提取位置、论元角色的分配、生命关系、关系从句中名词的指称地位和关系从句的语篇。汉语领域中对影响因素的研究还很鲜见,以上因素是否也是影响汉语关系从句加工难度的因素或者是否有其他的因素影响其加工难度还有待于未来的研究。"(孙晓霞、成晓光 2011:87)目前汉语的研究主要集中在核心名词句法位置对关系从句加工的影响，如张强、杨亦鸣(2010)和张强、江火(2010)发现汉语主语和宾语位置主宾语关系从句有着相反的优势效应。周统权等(2010)、刘涛等(2011)发现论元(名词)的生命性和指称性对关系从句的加工差异有着一定的调节作用。

如何来解释关系从句的主宾语加工优势的不对称，以及句法位置、生命性和指称性等因素对关系从句加工的影响制约。目前研究者从不同的角度提出了大量的理论假设，Gibson & Wu (2011)以及吴芙芸(2011a)把众多的理论假设划分为基于经验和基于工作记忆两大阵营；何文广和陈宝国(2011)划分为记忆资源和句法结构两个核心。现具体介绍前者的划分：

基于经验的理论，包括预测语言共性的 AH 假设、基本语序假说(canonical word order)，还有基于频率(frequency)的假说，信息流假设(Information Flow Hypothesis，IFH)。

基于工作记忆资源的，包括从指称距离角度作出的解释：局部依存理论(Dependency Locality Theory，DLT)、直线距离假设(Linear Distance Hypothesis，LDH)、结构距离假说(Structural Distance Hypothesis，SDH)、同类干扰解释(Similarity-based Interference Account)以及整合资源理论(Integration Resources Account)。还有感知难度假设(Perceptual Difficulty Hypothesis，PDH)、视角转换假设(Perspective Shift Hypothesis，PSH)、平行功能假设(Parallel Function Hypothesis，PFH)、主宾等级假设(SO Hierarchy Hypothesis，SOHH)等(详见周统权 2009；张强、杨亦鸣 2010；刘涛等 2011；吴芙芸 2011a 等)。

需要着重指出的是，这些解释大多是基于关系从句后置型的英语而提出的，是基于主语关系从句的加工优势得出的，并不一定适用汉语关系从句的情况，如吴芙芸(2011c，2012)专文讨论了 Hawkins 的领域最小化理论(MDT)和 Gibson 的局部依存理论

(DLT)应用到汉语关系从句加工时所遇到的问题。国内一些学者尝试从汉语关系从句加工特点出发提出新的具有普遍性的理论解释,如周统权等(2010)提出"论元跨越假说",张强、江火(2010)提出"局部句法复杂性解释"。

通过心理语言学、神经语言学等实验手段来证明汉语关系从句的主宾语加工优势,验证影响汉语关系从句加工的难度因素,为其进一步研究提供心理、认知等方面的证据,但是目前实验采取的刺激语料,大都为非自然真实的语料,而且多为某一类型的语料,如均为及物动词构成的关系从句,均为有生论元构成的关系从句,而且受实验条件所限,多为单一变量的考察,考察的对象主要局限于主句主语和宾语位置的主语和宾语关系从句,再加上实验条件是否严格控制,这些都会影响实验结果的可信度。

由于"关系从句"的概念来自西方语言学,而国外研究者多从句子加工的角度,把汉语关系从句作为一种特殊的语言材料来加以考察,并将其实验结果与印欧语言进行对比,不断完善建立在印欧语言基础上的相关理论假设,而对汉语关系从句本身的理论体系建设,国外研究者的关注并不多;而国内学者从一开始对汉语关系从句的认识主要来自于句子加工等实证研究,所以多跟随这一思路进行实证研究,也忽略了汉语关系从句自身的理论体系建设。一些学者已经关注到这一问题,如开始探讨关系从句的标记类型、语序类型以及关系从句的定义和范围,但只停留在某一方面的研究,离全面定义和介绍汉语关系从句还有很大的差距。

2.4.2 语言习得研究

关系从句的习得研究,自20世纪70年代以来一直是学界的热点,但汉语关系从句习得的研究比较少见。关系从句习得的理论假设主要来源于母语习得领域,是关系从句的句子加工相关理论假设直接在语言习得领域的验证和运用,这些假设几乎都是在调查英语等印欧语关系从句的基础上提出的，不一定适合汉语关系从句的习得。目前汉语关系从句的研究集中在对已有的基于英语关系从句习得而形成的理论假设进行验证，包括母语习得研究和二语习得研究，旨在论证汉语关系从句习得的难度特征及其差异性，促进语言习得相关理论假设的发展和完善。

母语习得研究，如：Yip & Matthews(2007)考察粤语—英语双语儿童关系从句的发展情况，发现以粤语为主导的双语儿童在关系从句的习得方面并不遵从 AH 假设，首先习得宾语关系从句而不是主语关系从句。

二语习得研究，如：Tarallo & Myhill(1983)、陈泓明(2007)、杨素英、黄月圆(2008)、戴运财等(2010)、戴运财(2010)、马志刚(2012a,2012b)、李金满、吴芙芸(2013)、李金满(2013)。杨素英、黄月圆(2008)从二语习得的角度，采用自然和测试两种语料，验证三大假设，AH 假设、PDH 假设以及 LDH 假设，结果并不完全支持这三个假设，从而提出了一个新的假设，即零代词许可等级假设(Pro Licensing Hierarchy)。戴运财(2010)以外国留学生汉语关系从句的习得情况与关系从句习得的八种假设进行对照，发现汉语关系从句的习得难度并不遵守英语关系从句习得的理论假设，认为这是由于关系从句的加工策略与汉语关系从句的句法结构两个因素共同作用的结果。马志刚(2012a,2012b)在生成语法框架下探讨母语为英语、俄语和韩语的三组学习者对汉语关系从句参数习得状况。李金满、吴芙芸(2013)发现母语为英语的二语学习者产出的汉语关系从句与可及性、嵌入性和生命性三个类型学概括有不同程度的契合，三个因素的影响力强弱不一，彼此之间相互作用：生命性原则影响力最强，可及性序列其次，嵌入性最弱；并且生命性的强势导致了语料库分布和后两者的部分偏离。李金满(2013)从二语视角来考察汉语关系从句中的量词分布。为了更好地了解英汉关系从句习得的差异性，戴运财等

(2010)、李艳玲、李荣宝(2007)进行了英汉关系从句习得的对比研究。

可见,汉语关系从句习得研究表明以AH假设为代表的类型学理论在不同的语言类型中表现出差异性,习得过程会受到多种因素的影响。

2.4.3 语料库研究

语料库研究作为一种重要的研究方法在汉语关系从句的研究中得以广泛运用,按照语料库的来源,可以分成两种:

一种是利用已有的电子语料库,如Ming(2009,2010)、Ming & Chen(2010, 2011)利用兰卡斯特现代汉语语料库(the Lancaster Corpus of Modern Chinese)对汉语关系从句语篇功能的研究;Hsiao(2003)利用宾州大学Chinese Treebank 3.0语料库考察汉语主宾语关系从句的分布情况;Kuo & Vasishth(2006)采用台湾Sinica Corpus 3.0语料库对汉语主宾语关系从句的考察;吴芙芸(2011a, 2011b)采用宾夕法尼亚大学建立的大型新闻语料库Chinese Treebank Corpus 5.0来考察关系从句中名词论元的生命度构成和量名不匹配构式;李金满、吴芙芸(2013)、李金满(2013)采用北京语言大学崔希亮(2008)主持编制的"HSK动态作文语料库"作为数据来源,研究二语学习者对汉语关系从句的产出以及量词分布情况。

另一种是通过自建语料库,如Pu(2007,2008)创建了一个由短篇书面小说、口头和书面叙事语篇组成的语料库来考察汉语关系从句的语篇分布和指数量标记的分布情况;唐正大(2007)采用《骆驼祥子》、《四世同堂》、《过把瘾就死》、《京语会话》和叶永烈35种传记散文等书面真实语料考察指数量标记语序与关系化类型的关联;刘礼进(2011)采用口语、书面语和散文语料来考察句子主语和宾语关系化的情况;以及盛亚南(2012)采用口语语料《鲁豫有约》来验证和分析指量结构在汉语关系从句中的分布及内在动因。

"Tognini-Bonelli(2001)区分基于语料库(corpus-based)与语料库驱动(corpus-driven)的方法。前者把语料库看作一种工具，用来证实、解释或举证某个以前已经存在的语言理论；后者从原始语料出发，通过研究语料本身，发现探究新的语言理论，建立新的概念和范畴体系"(转引自何中清、彭宣维 2011：8)。目前在汉语关系从句的研究中"基于语料库"的研究方法比较普遍，即通过语料来验证相关的假设和理论，而使用"语料库驱动"的方法相对较少，但恰恰是后者能够帮助我们发现更多的语言现象，从而促进已有理论的发展和完善。

从本质上讲，语料库的研究方法是描述性的，它不可能穷尽某种语言使用的全貌，只能回答"有什么"和"有多少"的问题，并不能回答"为什么是这样"，也不能直接判断"就是这样"(何中清、彭宣维 2011：10)。所以语料库的研究方法必须和其他方法相结合，需要在"有什么"和"有多少"的基础上作出进一步的解释。"只有这样，语料库的研究方法才能发挥更大作用，才能推动语言研究的进一步发展。"(同上)

2.5　小结

本章回顾了汉语关系从句研究的国内外现状，包括汉语关系从句的界定及范围、汉语关系从句的形式语义特征方面的研究、汉语关系从句的语篇功能研究以及相关的实证研究成果。前人的研究成果是我们研究的起点和基础，同时我们也看到，目前汉语关系从句的语篇功能研究尤其薄弱，这与长期以来汉语关系从句研究重短语轻小句、重形式轻功能的状况密不可分：

重短语轻小句。关系从句是名词性短语中最复杂的组成结构，但在以往汉语研究中关注很少。在短语本位语法观念的影响下，与关系从句有关的现象，通常以短语身份来加以考察，如一种比较复杂的名词性偏正结构，多数汉语语法著述完全没有关系从句的概念。刘丹青(2012)指出这种处理在一定程度上是可以理解的，因为汉语谓语动词没有明显的限定和非限定的区别，短语和句子之间缺乏截然分明的界限，将关系从句视为短语也无不可。但是，随着研究的深入，有些语法现象和语法框架，必须在小句层面才便于揭示和解释，缺乏从句概念会制约语法研究的深入，如对关系从句论元提取范围和规则的研究，就必须在小句的框架下进行，单纯依靠短语结构概念就无法有效概括。

目前对汉语关系从句形式语义特征的研究，主要是从小句层面开展的，但小句层面的研究还不足以解释汉语关系从句的复杂性，如果要更加有效全面地考察汉语关系从句的各种现象，还必须从更大更广阔的语篇层面来加以考察。语篇视角可以帮助我们观察到句法层面所无法涉及的现象以及对句法层面的现象作出更好的解释。

重形式轻功能。国内对汉语关系从句的理论研究可以分成两大派：一是以刘丹青、唐正大为代表的汉语学界的研究，多从类型学的视角，从结构形式标记入手，来探讨汉语关系从句的类型学共性和差异性；二是以陈宗利、杨彩梅为代表的外语学界的研究，多从生成学派的方法，来推导关系结构的生成以及证明关系结构的内部分野。整体上这两大流派的研究多重视关系从句的形式特征，所以从功能表达的角度，特别是从语篇功能的角度对关系从句的考察就显得非常薄弱。陶红印(2002：56)曾指出，离开实际语言运用的材料，我们是不是可以把语法结构描写清楚是很值得怀疑的，其次涉及到如何判断语法研究的充足性的标准问题，虽然以形式为取向的语法研究很重要，但是还不能说就达到了研究的充分性。篇章语法是对各类纯粹以形式为取向的语法研究提出质疑。

目前国内外实证研究已取得大量的成果，从语篇功能的视角来考察汉语关系从句，一方面可以借鉴实证研究相关的研究方法和理论假设，如语料库的研究方法，促进汉语关系从句的研究；另一方面通过自然语篇的考察，也能够补充完善相关的理论假设，如通过汉语关系从句来验证已有的实验成果。所以，以语篇功能为导向的汉语关系从句研究同样是一项实证研究，在实证的基础上解释语言现象。

汉语关系从句是真正具有汉语“特色”的语言现象，目前对这一课题的关注还很有限。综观目前国内外此课题的研究现状，启发我们从语篇功能的视角来加强对汉语关系从句的研究。

第三章　从汉语关系从句看 AH 假设和通格假设

3.0　引言

Keenan & Comrie(1977)提出的"AH 假设"以及 Fox(1987)提出的"通格假设"是两个著名的关于关系化的跨语言理论假设。

"目前对 AH 假设的研究主要是从应用语言学、心理语言学和神经语言学的角度,通过实验或测试等手段,来检验 AH 对母语或二语习得与加工的影响。然而,该假设所做出的预测是否完全符合各种语言中关系化的语言事实,是否适用于描述某种语言在建构关系从句时所受的制约？对于这一问题本身,学界似乎关注不够,现有的一些关于汉语关系从句的研究也主要局限于 AH 中位置靠前的几个句法成分"(许余龙 2012：644)。对通格假设的研究就更加少见,通过某一具体语言事实来验证上述两个著名假设的研究,目前仅有 Gordon & Hendrick(2005)和 Hogbin & Song(2007),国内尚无相关研究。

汉语语法长期缺乏从句的概念(刘丹青 2005b：193),关系从句的概念及相关理论更是来源于印欧语的影响。本章综述 AH 假设和通格假设的基本内容,介绍相关实证研究,界定汉语关系从句的考察范围，在此基础上穷尽性统计老舍《饥荒》中的关系从句，通过频率分析来验证 AH 假设和通格假设，最后探讨两大假设的不同解释力。

3.1　研究背景

3.1.1　AH 假设

Keenan & Comrie(1977)以有定核心名词的限制性关系从句为研究对象，根据 50 种语言的样本，提出了著名的“名词短语可及性等级序列”，认为名词短语关系化的优先顺序，遵守如下一个从左到右依次递减的等级次序(其中的“＞”表示“比后一个可及性高”)：

主语(SU)＞直接宾语(DO)＞间接宾语(IO)＞旁语(OBL)＞属格(GEN)＞比较宾语(OCOMP)

在他们的样本中不存在不能关系化主语的语言，尽管有的语言只能关系化主语。也就是说，所有的语言至少有一条主语可以被关系化的策略，这一策略被称为“基本策略”。Keenan & Comrie 用心理上的易解性给出了解释，认为主语具有很高的认知显著性，这是 AH 等级上其他语法位置所不具备的。

AH 假设一经提出，在母语习得和二语习得研究领域得到了广泛的应用和检验。目前的一些研究结果表明，以英语为代表的印欧语，大多是后置型关系从句①，基本符合 AH 假设(如 Gass 1979；Hamilton 1994；Izumi 2003；肖云南、吕杰 2005；蒋秀玲、彭金定 2007；李金满 2008)；而以汉语为代表的东亚语言，

① Keenan & Comrie(1977：76—79)所例举的 49 种语言中，采用后置型关系从句有 42 种语言，其中芬兰语、德语以及他加禄语(Tagalog)采取前置、后置两种策略，大多数印欧语采用后置型关系从句。

大多是前置型关系从句[①]，出现不符合 AH 假设的情况，主语关系从句加工优势受到了质疑（如 Hsiao & Gibson 2003; Yip & Matthews 2007；蔡金亭、吴一安 2006；陈宝国、宁爱华 2008；周统权等 2010；张强、杨亦鸣 2010）。例如，Hsiao & Gibson (2003)发现，汉语关系从句加工显示出宾语关系从句的加工优势。陈宝国、宁爱华（2008）发现，汉语关系从句修饰的核心词作主句的宾语时，主语关系从句加工困难表现得更加明显。Yip & Matthews(2007)发现，粤语—英语双语儿童在关系从句的习得方面并不遵从 AH 假设，首先习得宾语关系从句而不是主语关系从句。

AH 假设是否适用于解释关系从句的建构规律，主语加工优势还是宾语加工优势是验证的关键。目前的研究表明，英语、德语、荷兰语等中心语前置的语言呈现主语关系从句加工优势，而以汉语、日语、巴斯克语等中心语后置的语言呈现宾语关系从句加工的优势（张强、江火 2010: 19），所以 AH 假设最左端两个句法位置的可及性排序似乎存在以下两种情况：

关系小句前置的语言：DO > SU > IO > OBL > GEN > OCOMP

关系小句后置的语言：SU > DO > IO > OBL > GEN > OCOMP

由此可见，在 AH 研究范式中，主语和宾语都有可能占据 AH 最左端的位置，主要视语言类型而定。这对 Keenan & Comrie 试图用统一的 AH 来解释所有语言中关系化所受到的共性制约提出了挑战。

---

① Keenan & Comrie(1977: 76—79)所例举的 49 种语言中，采用前置型关系从句仅 6 种语言，即巴斯克(Basque)、汉语、日语、韩语、僧伽罗语(Sinhala)和土耳其语，还有泰米尔语(Tamil)采用前置和内置策略。

3.1.2　通格假设

Fox(1987)重新审视了 AH 假设,质疑 AH 假设的主语基本策略,并提出了与之相对的通格假设。Fox 认为,Keenan & Comrie(1977)的研究不足在于仅考察了核心名词为有定的限制性关系从句,而无定核心名词也是关系从句的合法成员,应该包括在关系从句的考察范围之内。

Fox 以英语对话为语料,在 92 个关系从句中首先发现主语关系从句和直接宾语关系从句的数量并没有显著差别,两者的比例接近 1∶1。然后 Fox 把 AH 最左端的主语一分为二,将及物动词的主语记作施事(Agent),将不及物动词的主语记作主语(Subject)。结果发现,虽然在含有不及物动词的关系从句中所关系化的全部是主语(S-relatives),但是在含有及物动词的关系从句中,关系化宾语的从句(Object-relatives)数量要远多于关系化主语的从句(A-relatives),具体统计数据见表 3.1。

表 3.1　Fox(1987:858)主语和直接宾语关系从句的比例

类型		数量
Subject relatives	S-relatives	36
	A-relatives	10
Object relatives		46
总计		92

换言之,不及物主语(S)和直接宾语(DO)在英语的自然语篇中具有较高的关系化比例,及物主语(A)的比例相对较低。因为不及物动词主语(S)和及物动词的直接宾语(DO)被统称为"通格",因此 Fox 认为是"通格"而不是"主语"这一句法成分是进行关系化操作时最为可及的句子成分,并将此称为"通格假设"。

与 Keenan & Comrie(1977)的主语关系化策略相对应,Fox

提出，如果一种语言存在一条关系化策略，那么这种语言一定能够关系化不及物主语和及物宾语。所以根据通格假设，可以得出如下一个名词短语关系化可及性的等级序列：

通格(ABS)>作格(ERG)>间接宾语(IO)>旁语(OBL)>属格(GEN)>比较宾语(OCOMP)

通格假设的理论基础是 Du Bois 提出的优先论元结构假设(简称 PAS)。该假设包括语法和语用两个维度的限制，每个维度又包括数量和角色两方面的限制，共构成四条限制性的规律(Du Bois1987：829，2003b：34)，见表 3.2。

表 3.2　Du Bois(2003b：34)优先论元结构限制

	语法	语用
数量	避免出现一个以上的词汇形式的核心论元	避免出现一个以上的新核心论元
角色	避免出现词汇形式的 A	避免出现新信息的 A

在语法维度，首先是一个词汇论元的限制，即谓语核心论元至多出现一个词汇形式的论元，其他的核心论元采取代词或者零形式；其次是 A 的非词汇化限制，词汇形式的名词短语倾向于出现在 S 或者 O 的位置上，很少出现在 A 的位置上。语用维度的限制和语法维度的限制相对应，一个词汇论元的限制对应在小句中只有一个新信息论元，A 的非词汇化限制对应 A 的旧信息限制，避免在 A 的位置上表达新信息。优先论元结构假设在通作格语言和主宾格语言中都得到了证实(Ashby & Bentivoglio 2003：62)。

3.1.3　对 AH 假设和通格假设的实证研究

从语言类型学的角度而言，AH 假设代表了主宾格语言(nominal/accusative)名词短语的可及性等级，而通格假设代表了通作格语言(abosultive/ergative)名词短语的可及性等级。Gordon & Hendrick(2005)认为，Fox 提出的通格假设的主要贡献在于论证了通格假设对关系化具有更大、更普遍的解释力。

目前有两项基于英语关系从句对 AH 假设和通格假设的实证研究。Gordon & Hendrick(2005)统计 3 个不同类型的英语语料库关系从句发现，AH 假设在书面语料和口语语料中都得到证实；而通格假设只在口语语料中得到证实，而且通格假设所依据的 PAS 并没有在语料中得到证实，所以作者认为 AH 假设较之通格假设更具有普遍性。

而 Hogbin & Song(2007)的研究结果正好相反，他们采用书面语料，比较了 18 和 20 世纪英语小说中关系从句的情况，结果发现，除了 IO-RC 之外，关系从句的数量分布基本符合 AH 等级。但是，当把主语区分为不及物主语和及物主语时，则更支持通格假设，DO-RC 的比例超过 A-RC，所有的主语类型较之其他语法位置更容易关系化的观点受到了挑战。他们还详尽论证了 PAS 在语篇中的存在。

从上述相关研究可以看出，AH 假设和通格假设在英语书面语料中的证明存在争议，而且汉语关系从句和英语关系从句存在较大的差异，基于书面语料的汉语关系从句对 AH 假设和通格假设的检验，有利于验证和补充相关的理论假设，也有利于对汉语关系从句的深入研究。

3.2　研究方法

3.2.1　研究对象

根据 AH 假设和通格假设对关系从句的定义，我们的研究对象为汉语限制性关系从句，因汉语关系从句的限制性和非限制性等问题至今尚无定论，我们对关系从句的界定包括两个条件：第一，一个关系从句必定包含核心名词和限制性小句，限制性小句的作用是缩小核心名词的所指范围，即明确核心名词的所指，这是与非限制性小句的根本区别;第二,核心名词必须在限制性小句中有句法空位或者有同指的代词,即充当一定的句法成分,占据一定的句法位置,这是与同位小句的根本区别(刘丹青 2005b: 194)。

核心名词包括有定和无定两种情况,有定核心名词和无定核心名词构成的限制性关系从句均为我们的考察对象。有定和无定的区分是一个很复杂的问题,这里采用陈平(1987)的定义。"有定名词性成分是指如果发话人使用某个名词性成分时,预料受话人能够将所指对象与语境中某个特定的事物等同起来,能够把它与同一语境中可能存在的其他同类实体区分开来,那么是有定成分。无定成分是指发话人在使用某个名词性成分时,如果预料受话人无法将所指对象与语境中其他同类成分区分开来,该名词性成分称之为无定成分"(陈平 1987: 82),例如:

(1) 方六已经不是早先大家熟悉 t 的方六了。(p. 273)[①]

(2) 瑞丰很想掩护 t 告诉他招弟的地址的那位特务,可是两个嘴巴打在他的干脸上,他吐了实话。(p. 48)

(3) 瑞全用眼角撩了一下,门口立着个 t 完全象日本人的中国人。(p. 190)

(4) 旗上还有新添 t 的一条黄布,上面印好:"反共和平建国"。(p. 128)

例(1)和例(2)中的"方六"、"那位特务"为有定成分,"方六"为指人的专有名词,发话人认为通过上文读者已经明确知道其所指的对象,而且在文中只有一个叫"方六"的人,具有唯一性;而"那位特务"采用指示词"那"表明有定性,由关系小句提供可识别的信息,与其它的"特务"相区别。例(3)和例(4)中的"中国人"和"一条黄布"为无定成分,"完全象日本人的中国人"帮助读者建立起关于一个人的形象,却不知道具体指哪个人,也不能和其他可

① 本章的例句除特别注明出处外,均选自《饥荒》,例句后只注明页码。

能存在的"完全象日本人的中国人"相区别；同样的"新添的一条黄布"，读者也不知道具体指哪条黄布，也不能和其他可能存在的"黄布"相区别。这里"中国人"和"一条黄布"在语篇中均为首次引入，首次引入的对象往往采取无定形式（许余龙 2005：24）。

如何区分有定、无定成分，不同的学者有不同的观点，如从形式上加以区分（Chafe 1976），从语义、语用上加以区分（Lyons 1999），从功能的角度加以区分（陈平 1987）。我们采取形式和语境相结合的标准，先从名词性成分自身的词汇形式入手。陈平（1987）把汉语中的各种表现形式归并为以下七组：

表 3.3　陈平（1987：88）有定成分与无定成分的表现形式

	有定	无定
A 组　人称代词	＋	
B 组　专有名词	＋	
C 组　"这/那"＋（量词）＋名词	＋	
D 组　光杆普通名词	（＋）	（＋）
E 组　数词＋（量词）＋名词	（＋）	（＋）
F 组　"一"＋（量词）＋名词		＋
G 组　量词＋名词		＋

陈平指出，在表 3.3 中越是接近两端的格式，有定或无定的程度越强；越是居中的，有定或无定的程度越弱。人称代词、专有名词和指示代词本身已有[＋有定]的特征，不论在什么位置都是表示有定的；而"一"＋（量词）＋名词、量词＋名词具有[＋无定]特征，确定有定和无定首先是从词汇形式上来加以判断，石毓智（2002）称之为词汇标记优先原则。例（1）和例（2）中的"方六"、"那位特务"就是典型的有定形式，例（3）和例（4）中的"中国人"、"一条黄布"就是典型的无定形式。

处于中间的光杆名词和数量短语具有双重语义特征，只能依据语境来确定其有定或者无定，这里的语境包括句内语境（intra-sentence context）、句际语境（inter-sentence context）等，汉语关系从句的核心名词绝大部分是光杆名词，即使是相同形式的光杆名词在不同的语境中也有不同的所指，如：

（5）a. 我那里常来t有地位的人！（p. 97）

b. t没得过李家好处的人，知道四爷是个实诚人，都赶来磕了三个头。（p. 242）

（5）a中“人”是无定的，“有地位的人”在主句中作“来”的宾语，存现句的宾语是无定的；（5）b中“没得过李家好处的人”在主句中作主语，“人”是有定的，根据名词性成分处于不同的句法位置来判断其有定或无定，是依据句内语境作出的判断，石毓智（2002）称之为结构赋义规律。

（6）a. 大家都很感激，连丁约翰也受了老人拿来t的东西。（p. 237）

b. “您瞧，先生，我们这生意怎么做？没可卖t的东西，还不许关门，真是笑话。”（p. 251）

（6）a中“东西”为有定成分，指前文提到过的“报纸和浆子”，（6）b中“东西”为无定成分，这里表示“可卖”的一类事物，虽然都是光杆名词“东西”，由于句际之间提供的信息不同，（6）a可以依据前文的信息进行识别，（6）b缺少这样的识别信息。

数量短语也需要通过语境来加以确定其所指，如：

（7）a. 最近，因为粮食缺乏，物价高涨，刘太太决定不再要瑞宣每月供给她t的六块钱。（p. 149）

b. 他想起死了的儿子，和两个t失了踪的孙子。（p. 279）

同样都是数量短语，（7）a中的“六块钱”为无定成分，（7）b中“两个孙子”是有定成分，通过前文，读者能够识别这“两个孙子”的所指。

名词性成分的有定或无定，除了词汇本身的形式标记外，还要依据具体的语境来加以判断。

3.2.2　语料来源及标注

我们以老舍的名著《饥荒》作为语料的来源，共计 19.6 万字，来全面考察汉语关系从句的构成情况。

为了便于统计和分析，我们用 SU-RC 表示主语关系从句，S-RC 表示不及物主语关系从句，A-RC 表示及物主语关系从句[①]，DO-RC 表示直接宾语关系从句，IO-RC 表示间接宾语关系从句，OBL-RC 表示旁语关系从句，以及 GEN-RC 为属格关系从句、OCOMP-RC 为比较宾语关系从句。

关于 OBL-RC，我们采用的是 Keenan & Comrie(1977)的观点只包括主要动词的论元，不包括具有状语功能的名词短语。例如：

(8) 玛丽正在向他$_i$ 走去的那个男人$_i$。(许余龙 2012：651)

(9) 在选择这个营业的时候，外婆与长顺很费了一番思索与计议。(p. 60)

例(8)“向他”是谓语“走去”所联系的论元，核心名词“那个男人”与“他”同指，是 OBL-RC。Keenan & Comrie 认为，汉语 OBL-RC 是采取有格策略，即采取代词复指策略；而例(9)“在选择这个营业的时候”起状语的作用，并非主要动词联系的论元，所以不在考察范围之内。

3.3　统计结果

3.3.1　对 AH 假设的验证

《饥荒》共有 497 例由有定和无定核心名词构成的限制性关

---

① 为了便于叙述，我们把 SU 记作主语，S 记作不及物谓语的主语，A 记作及物谓语的主语。

系从句，SU-RC 的出现频率最高（328 例，其中有 10 例被动句），DO-RC（159 例），GEN-RC（10 例），未找到 IO-RC、OBL-RC 和 OCOMP-RC 的例子，详见表 3.4。

表 3.4 根据 AH 假设对被关系化名词短语语法功能的频率统计

被关系化名词短语的语法功能	数量	比例
SU	328	66.0%
DO	159	32.0%
GEN	10	2.0%
共计	497	100%

统计结果显示，除 IO-RC 和 OBL-RC 没有出现，基本支持 AH 假设（二项检验，p=.000）[①]，GEN-RC 出现 10 例。

AH 假设是基于有定核心名词的限制性关系从句而提出的，所以我们又根据核心名词的有定和无定分别进行了统计，具体见表 3.5。从表 3.5 可见，AH 假设不仅在有定核心名词关系从句中得以验证，而且在无定核心名词关系从句的统计中同样获得支持。

表 3.5 根据 AH 假设对有定和无定核心名词限制性关系从句的频率统计

被关系化名词短语的语法功能	有定		无定	
	数量	比例	数量	比例
SU	150	64.7%	178	67.2%
DO	78	33.6%	81	30.6%
GEN	4	1.7%	6	2.2%
共计	232	100.0%	265	100.0%

① 二项检验（binomial）的统计方法，采取二项比较的方法，如 SU vs. DO；DO vs. GEN。显著性水平 α 为默认值 0.05，AH 假设所有的二项对比均具有很高的显著性。

3.3.2　对通格假设的验证

验证通格假设要涉及到及物动词和不及物动词，跟英语相比，汉语动词的句法和语义之间的对应关系更加复杂。我们首先从句法特征的角度来区分及物和不及物动词，S 为不及物动词的主语(不含被动)，A 为及物动词的主语，DO 为及物动词的直接宾语，统计结果见表 3.6。

表 3.6　根据句法表现对被关系化名词短语语法功能的频率统计

被关系化名词短语的语法功能	数量	比例
A	184	37.8%
S	134	27.5%
DO	159	32.6%
GEN	10	2.1%
共计	487	100%

该统计结果和 Gordon & Hendrick(2005：459)英语书面语料的统计结果相似，见下表：

表 3.7　Brown 书面语料库的相关数据统计

Extraction type / Corpus	A	S	P
Brown	41.5%(1016)	24.1%(590)	34.4%(841)

Gordon & Hendrick(2005)据此认为，英语书面语料的关系从句的统计并不支持通格假设，但我们认为从英汉两组数据来看，同样也不支持 AH 假设，并不是所有的主语类型都具有相同的可及性，S 低于 DO(P)。值得注意的是，这里 A、S、DO(P)采用的是句法术语，它们的典型是基于语义的。Fox(1987：858)对施事和受事界定为行动的施行者(doer)和行动的接受者(recipient)，只包括指

人的名词。所以要证明通格假设,必须对 A、S、DO 做出进一步界定,我们在句法分析的基础上,把 A 定义为有生命的动作发生者,S 为不及物动词的唯一论元,DO 为及物动词的直接宾语。发现汉语书面语关系从句能有效地证明通格假设,详见表 3.8。

表 3.8　根据通格假设对被关系化名词短语语法功能的频率统计

被关系化名词短语的语法功能	数量	比例
A	117	27.9%
S	134	31.9%
DO	159	37.9%
GEN	10	2.4%
共计	420	100%

DO-RC 的出现频率高于 S-RC、A-RC,其中 DO-RC 和 S-RC 之间没有显著性差异(二项检验,DO vs. S, p=.161),DO-RC 和 A-RC 之间具有显著性差异(二项检验,DO vs. A, p=.013),不及物主语和直接宾语有较高的关系化比例,而及物施事主语关系化比例相对较低(二项检验,S+DO vs. A, p=.000),而属格关系化比例最低,构成如下的关系化等级:

ABS(S+DO)>ERG(A)>GEN

3.4　分析与思考

从表 3.4 和表 3.8 的频率分析来看,AH 假设和通格假设在汉语书面关系从句中均得到了支持,所以从频率分析的角度 AH 假设和通格假设并不是互相排斥的。正如 Croft(2009: 142)提出可以用一个普遍性的解释“实际使用中例的频率”(token frequency in use)来统一两大假设:可及性等级中各类的排序与各类实际出现频率的排序是相应的。主语(A+S)出现的频率高于直接宾语(DO),因为主语在及物和不及物小句中都能够找到,而直接宾语仅在及物小句中找到;与此相似,通格(S+DO)出现频率高于作格(A),因为通格在及物和不及物小句中都能够找到,而作格只能在及物小句中找到。所以,在 AH 中,主语(A+S)可及性高于直接宾语(DO);通格假设中,通格(S+DO)可及性高于作格(A)。Croft 的这一观点使得本身相对的 AH 假设和通格假设在频率分析方面都能成立,但我们认为两大假设在解释力方面是有所不同的。

首先,AH 假设预测主语加工优势,而通格假设预测宾语加工优势。Dixon(1979：61)通过图 3.1 展示通作格语言和主宾格语言的结构对比:

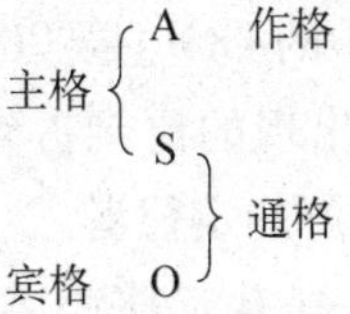

图 3.1　通作格语言与主宾格语言的结构对比

通过图 3.1,可以看到 S 处于中枢环节,所以在一定情况下,AH 假设实际上预测的是主语加工优势,而通格假设预测的是宾语加工优势。值得注意的是,在检验主宾语加工优势的心理语言学实验研究中,所用的实验句都是及物小句,同时含有主宾语,因此 AH 假设预测主语加工优势,而通格假设预测宾语加工优势。从汉语书面关系从句的统计数据来看,语料更支持通格假设,因为 DO-RC 和 S-RC 之间没有显著性差异,DO-RC 和 A-RC 之间具有显著性差异,DO-RC 的比例高于 A-RC,所以 DO 和 S 共同构成通格,在进行关系化操作时是最为可及的成分。

通格假设的理论基础是 PAS,在及物动词构成的句子中,DO

往往以词汇形式出现，承载新信息，而A往往以代词的形式出现，承载旧信息。在进行关系化的操作时，DO不是好的定位者，而A是很好的定位者，A主要出现在关系小句中起定位的作用，造成关系化宾语的从句数量要远多于关系化主语的从句，这是DO-RC的比例高于A-RC的理论解释。这一点也在我们的语料中得到了支持，见表3.9。

表3.9　A-RC中DO、DO-RC中A的表现形式

表现形式 对象	词汇	代词	零形式	总计
A-RC中DO	109(93.1%)	5(4.3%)	3(2.6%)	117(100%)
DO-RC中A	55(34.6%)	44(27.7%)	60(37.7%)	159(100%)

表3.9表明A-RC中的DO主要以词汇形式出现，而DO-RC中的A以代词和零形式出现的比例占到65.4%，说明A主要表达旧信息，在语篇中是很好的定位者。

其次，AH假设只考察有定核心名词构成的限制性关系从句，而通格假设包括有定和无定核心名词构成的限制性关系从句。核心名词的有定和无定影响关系从句功能的表达，如：

(10) a. 这是历史地理等等的综合的建筑，也是他的母亲，活了几百年，而且或者t永远不会死的母亲。(p. 168)

b. 门外两株老槐的叶子时时微动，一些t开败了的槐花轻轻的落下来。(p. 130)

有定S-RC表示对比区分的作用，如例(10)a“永远不会死的母亲”与读者大脑中已有的常识“会死的母亲”构成对比，起到区分的作用；无定S-RC主要起描写的作用，如例(10)b，让读者对核心名词有更加详细的了解，从而建立起相应的形象。

(11) a. 他已是个t有了家室的人，必须负责养活他的老婆。(p. 61)

b. t 听到广播的人一致同情方六，可是并没有人设法营救他。(p. 152)

无定A-RC主要起描写的作用，如例(11)a，关系小句由表关系的“有”充当，动作性较弱；而有定A-RC主要起定位的作用，如例(11)b，通过关系小句确定“人”的所指。

此外，在汉语书面关系从句中，存在被关系化名词短语可以出现在主语和宾语位置两可的情况，如：

(12) 至少，这 t_1 将要降生 t_2 的娃娃已和全世界的兵火厮杀相平衡了。(p. 203)

(13) 说了几句关于全体学员的话，他叫 t_1 新来 t_2 的几个号数：“向前五步——走！”(p. 27)

(14) “打鼓儿的”把东西收拾了走，屋中只剩下他的一份铺盖和那几件 t_1 挑出来 t_2 的衣服，在没有席的炕上放着。(唐正大 2007：142—143)

(15) 他买了件 t_1 给死鬼穿 t_2 的棉袍。(p. 162)

这里有两种类型：一种是不及物动词构成关系小句，如例(12)、(13)；另一种是及物动词构成关系小句，如例(14)、(15)。

第一种类型，汉语中有一类不及物动词，它所带的名词性成分既可以出现在主语位置也可以出现在宾语位置，也是汉语中“S比较接近O的证据”(吕叔湘 1987：115)，即汉语存在和通作格语言相似的特征。我们在处理例(12)、(13)时，考虑到谓语动词为不及物动词，只联系一个论元，所以还是统一记作S-RC。

第二种类型，汉语中既有施事主语句也存在受事主语句，受事可以前置于施事之前构成主语(或话题)。对于例(14)，唐正大(2007：143)处理为主语，理由有以下四点：第一，有定成分做宾语在汉语中相当有标记，这使得提取宾语的看法大打折扣；第二，汉语至少具有和作格语言相似的特征(吕叔湘 1987)：在动词后有趋向或结果补语的情况下，受事一般可以不通过形态句法上的被动化操作而出现在主语的位置，这可以看作是与取通格平行的做法；第三，施事并不强制要求出现，或者无法根据话语环境补出明确的施事；第四，即使从话题化的角度去分析，这些受事在提取前的母句中也是话题。但为了讨论中的公允，记作“内—通”。我们认为唐正大的处理是合理的，但他没有包括例(15)的无定现象，按照汉语“动词前有定，后无定”的倾向，无定成分应该处理为宾语，当然最恰当的方式就是处理为“通格”，所以“通格”假设在处理这些情况有较大的适宜性，而AH假设把主语和宾语割裂开来，使得这类关系从句的归属存在一定的问题。

3.5　小结

本章从书面语角度来考察汉语关系从句，验证两大跨语言假设并做出解释。跨语言的假设在具体语言中的验证一直是类型学关注的焦点。

AH假设的“主语基本策略”在汉语关系从句的研究中受到了质疑，主语加工优势还是宾语加工优势成了争论的焦点，而通格假设从语篇功能视角提出不及物主语和直接宾语共同占据可及性等级最左端的位置，也许为汉语关系从句的主宾语加工优势之争提供合理解释。AH假设预测主语加工优势，而通格假设预测宾语加工优势。

有定和无定核心名词构成的关系从句在语篇中发挥不同的表达功能，汉语不及物动词带宾语和受事主语句的存在，使通格假设具有更强、更普遍的解释力，而AH假设则具有一定的局限性。

基于通格假设提出的语篇可及、AH假设所反映的句法可及和心理可及对关系从句的构成和功能的解释应该是互补的，如何建立一个整体的解释模型，目前还不是本书能够深入讨论的问题。

第四章　优先论元结构和汉语关系从句的语篇功能

4.0　引言

信息流(information flow)因素是理解语篇的重要因素。Bernardo(1979)、Fox(1987)、Fox & Thompson(1990)、Ewing(1991)、Ming(2009)、陶红印(2002)、江轶(2008)等都发现从信息流的视角可以更好地理解关系从句的语篇功能和语篇分布，并"能够对之前未能解释的语法现象作出解释"(Fox & Thompson 1990：297)。汉语关系从句的研究相对起步较晚，目前已有的文献较少涉及汉语关系从句的语篇功能研究。本章将从信息流的视角来探讨汉语叙事语体中关系从句的结构特点和语篇功能。

本章首先讨论汉语关系从句是否遵循 Du Bois(1987)提出的优先论元结构(简称 PAS)。PAS 揭示了语篇信息流与语法形式之间的对应关系，关注语篇信息流和动词必有论元之间的对应关系。关系从句作为小句(clause)单位，由动词及其必有论元构成，是否遵循优先论元结构？对此问题鲜有研究，Fox(1987)曾指出关系化并不会导致 PAS 的中断，Ewing(1991)发现印尼语关系从句中及物主语构成的关系从句并不遵循 PAS，但目前尚未见到基于某一具体语言的关系从句事实来全面验证 PAS 的文献。我们将详细考察汉语关系从句 S-RC、O-RC 和 A-RC 是否遵循 PAS。

由于语体因素对于 PAS 的验证起着至关重要的作用，信息压力值大的语体能够清晰地揭示不同论元的语篇表现(Du Bois 1987：835－836)。书面叙事语体以陈述事件为主，承载较多的新信息，所以本章采用第三人称书面叙事语体，详细考察和检验汉语关系从句是否遵循 PAS，包括 PAS 语法层面和语用层面及其对应关系，并作出相应的解释。

其次，讨论汉语关系从句的语篇功能及相应的语篇分布。根据汉语关系从句 S-RC、O-RC 和 A-RC 在实际语篇中的语法语用表现，以及 Fox & Thompson(1990)等学者的观点来讨论汉语关系从句的语篇功能。关系从句的语篇功能是影响关系从句语篇分布的重要因素。我们在明确汉语关系从句语篇功能的基础上，将结合核心名词的生命性、信息地位以及其在主句主宾语位置的分布，来考察汉语关系从句在书面叙事语体中较为细致的分布情况，以期发现内在的规律。

4.1 研究背景

4.1.1 信息流的语篇模型：PAS

Du Bois(1987)通过跨语言的研究发现，动词必有论元位置的信息分布并不是任意而自由的，而是遵循一定的语法范式。动词的必有论元，包括：及物动词的主语(A)、及物动词的直接宾语(O)、以及不及物动词的主语(S)。Du Bois 在分析作格语言 Sakapultec Maya 的口语叙事语篇时发现：名词短语的词汇形式很少出现在 A 上，而绝对倾向于出现在 S 和 O 上；在相应的语用层面，新信息很少出现在 A 上，而可以自由地出现在 S 和 O 上。据此，Du Bois 提出了优先论元结构，包括语法和语用两个层面论元结构所受到的数量和角色的限制(Du Bois 1987：829，2003b：

34)，具体见表 4.1：

表 4.1 Du Bois(2003b: 34)优先论元结构限制

	语法	语用
数量	避免出现一个以上的词汇形式的核心论元	避免出现一个以上的新核心论元
角色	避免出现词汇形式的 A	避免出现新信息的 A

从表 4.1 可以看出，PAS 一共包括四条限制性的规律：一个词汇论元的限制(One Lexical Argument Structure Constraint)，即在一个小句中避免出现一个以上的词汇形式的论元；非词汇形式的 A(Non-Lexical A Constraint)，即词汇形式的论元很少出现在 A 的位置上；一个新信息论元的限制(One New Argument Constraint)，即在一个小句中避免出现一个以上的新信息论元；旧信息 A 的限制(Given A Constraint)，即 A 典型地承载旧信息。这些限制性规律表明了语法角色、语用信息以及论元的表现形式之间的相应关系，并且表明信息分布的作格范式具有跨语言的普遍性，即相对于 A，"S-O"相关联(Huang 2012)。

值得注意的是，PAS 并不是一种绝对的规则，不是对任何一个孤立的句子所作出的预测，而是依据统计数字总结出来的实际语言运用的言谈倾向，是人们在言谈中表露出来的自然趋势(陶红印 1994)。在 Du Bois 研究的基础上，很多学者在作格语言和宾格语言中开展了一系列的研究。PAS 在英语、法语、西班牙语、德语、希伯来语以及日语等宾格语言中得到了证实，这些宾格语言的口语语篇同样遵循 PAS 的作格范式(Lin 2009)，证实了 PAS 具有跨语言的普遍性。但也有一些研究质疑 PAS 的作格范式，其中包括来自汉语的相关研究。

Chui(1992)通过调查汉语口语叙事语体，发现汉语口语叙事语体同样遵循 PAS。汉语同样呈现出一个词汇论元的限制和一个新信息论元的限制，但并不是仅仅在 A 位置上，而是在 A 和 S 位置上都避免出现词汇形式和表达新信息，只有 O 位置强烈表现为词汇形式和承载新信息，由此可见，汉语语篇是遵循"A-S"关联模式的。

Tao & Thompson(1994)发现在汉语日常对话中，及物性小句和不及物性小句的论元表现形式可以统一为 XV 形式，即一个动词倾向带一个词汇论元 X，其中 X 在弱及物性小句中是充当角色 A 的代词，在强及物性小句中是充当角色 O 的完整名词。该文着力分析论元 A 和 O 的编码差异，也关注到论元 A 和 S 多以显现形式出现，但未能展开具体讨论。

Huang & Chui(2005)对汉语的语序作出语用解释，认为汉语是语篇宾格语言(discourse accusative)，通过信息分布、话题链、语篇回指等证明了 A 和 S 相关联，与 O 相对。

Lin(2009)通过调查汉语不同类型的语篇，同样支持汉语语篇"A-S"关联模式。不同于以往研究主要采用口语语料，Lin 选取了对话、口语叙事语体和书面语篇三种语体来验证 PAS 在不同语体类型中的表现，所有的语体类型均表现为：O 表达新信息，而 S 和 A 表达旧信息，据此，Lin 提出，为了更好地说明汉语语篇信息分布倾向，应对 PAS 作出相应的修改，即"非词汇化 A-S"(Non-Lexical A and S Constraint)、"旧信息 A-S"(Given A and S Constraint)或者"新信息 O"(New O constraint)。

Huang(2012)通过汉语儿童语言来验证 PAS，结果显示汉语儿童语言符合 PAS 的制约，但是并不符合其所假设的作格结构，同样显示为"A-S"关联模式。

4.1.2 PAS 在关系从句中的可验证性

Fox(1987)曾指出关系化并不会导致 PAS 的中断，并在 Du Bois 的优先论元结构的基础上提出"通格"假设。Fox 指出在英语及物小句中，论元 O[①] 往往是词汇形式，论元 A 强烈表现为代词或者零形式；在不及物小句中，唯一的论元 S 是词汇形式。英语作为主宾格语言，把 A 和 S 编码为主语，在及物小句中存在以下强烈的倾向："主语—代词形式的施事"和"宾语—词汇形式的受事"。这种联系在关系从句仍然存在，在英语中倾向于关系化 S 和 O，可以预见相应的关系化结果：关系化 S 产生主语关系从句，关系化 O 产出直接宾语关系从句，在及物小句中仍然遵循以下倾向："受事—词汇形式、宾语"和"施事—代词形式、主语"。

Fox 的论述至少传递了两个方面的信息：一是关系从句的小句地位。在英语中，从名称就可以看出关系从句(relative clause)的小句地位。而在汉语中，关系从句一直是一个比较被忽略的概念。与关系从句有关的现象，在短语本位语法观念的影响下，多从短语层面进行考察，存在重短语、轻小句的现象。刘丹青主编(2012：13)指出，随着研究的深入，关系从句的有关现象必须在小句的框架下才便于揭示和解释，否则会制约语法研究的深入。如对关系从句论元提取范围和规则的研究，就必须在小句的框架下进行，单纯依靠短语结构概念无法有效概括。关系从句小句地位的明确，是 PAS 能够在关系从句中加以检验的立论基础。二是关系化操作不会导致 PAS 的中断。Fox(1987)表达了优先论元在关系化操作时也是更可及的对象，即 PAS 揭示的作格范式 S 和 O 相关联，S 和 O 较之 A 更容易关系化，S-RC 和 O-RC 在实际语篇中有更高的出现频率。这可以通过关系从句的出现频率来加以证明。而且 PAS 所揭示的 A、S、O 的句法表现形式、信息分布在关系从句中仍然存在。以上论述为 PAS 在关系从句的验证提供了依据。

Ewing(1991)通过对印尼语关系从句语篇功能的考察发现，

---

① Fox(1987)认为论元 P 为语义角色，论元 O 是语法角色，这里统一记作 O。

A-RC 和 O-RC 有相似的出现频率。Ewing 认为书面语体并不完全遵循 PAS,在口语语篇中,A-RC 中以一个词汇形式的名词短语构成共享名词(Shared Nomial)并且论元 O 也以词汇形式出现将违反 PAS,因此出现频率较低。但在书面语篇中,正如 Chafe (1987)等学者指出的那样,书面语篇较之口语语篇在基本表达单位中倾向于包装更多的信息,A-RC 可以不受到口语语篇的限制,在书面语篇中可以提供更多的信息量,因而也有较高的出现频率。

4.1.3 关系从句的语篇功能

Fox(1987)、Fox & Thompson(1990)、Ewing(1991)、Ming (2009)都发现信息流因素可以对关系从句的分布类型作出较好的解释,其中关系从句的语篇功能会影响说话者在实际运用时对各种关系从句的选择,同时也能够对关系从句的实际分布作出解释。结合 Fox & Thompson(1990)、Ewing(1991)的观点,我们把关系从句的语篇功能归纳为以下三种情况[①]:

(1) 描写功能(Characterizing Function)

There's a woman in my class [who's a nurse].

关系小句描写被关系化名词短语的各种情况,并没有起到识别或者在语篇中进行定位的功能。

(2) 定位功能(Grounding Function)

a. 锚定功能(Grounding by Anchoring)

The car [that she borrowed] had a low tire.

b. 主句定位功能(Grounding by Main-Clause)

he's got—a spring [that comes, way up],

c. 命题定位功能(Grounding by Proposition-Linking)

---

① (1)—(2)中的例句引自 Fox & Thompson(1990: 301,303);(3)中的例句引自 Ewing(1991: 84)。

The mother's sister is a real bigot. Y'know and she hates anyone [who isn't a Catholic].

所谓的定位功能是指关系从句中被关系化的名词短语通过语篇中的已知实体与语篇相关。有三种主要的定位方式，第一种就是 Prince(1981)提出的锚定，即"一个语篇实体通过包含在其内部的其他已知实体进行定位"，如(2)a 中 the car 通过其自带的关系小句进行锚定，关系小句中 she 是一个已知实体，the car 通过关系小句与 she 相联系，从而在语篇中得以定位。锚定功能实际上就是指关系小句的定位功能。

第二种是主句定位功能，这时关系小句不能起到定位的作用，即被关系化的名词短语不能通过关系小句与已知的语篇实体相联系，取而代之的是，主句能够使关系化的名词短语与已知的语篇实体相联系。如(2)b 中名词短语 a spring 通过主句中的主语 he 得以定位。据 Givón(1979)的观点，这类句子被关系化的名词短语往往在主句中作宾语，而主句主语往往是已知实体，主句的谓词主要表达领有的语义中性动词，诸如 have 或者 has got。

第三种是命题定位功能，一个实体通过前文中命题框架激活的已知实体在语篇中得以定位。如(2)c，整个名词性短语 anyone who isn't a Catholic 通过前文的命题 the mother's sister is a real bigot 得以定位。

(3) 识别功能(Identification Function)

The passengers [who were sitting in the front] woke up.

识别功能是传统对关系从句作用的看法，通过关系小句确定核心名词在大的集合中的特定成员，所以识别功能往往具有一定的对比功能，如(3)中的 passengers 就与火车上其他没有坐在前面的旅客构成对比。

关系从句的语篇功能与 PAS 存在密切的联系，Fox(1987)、Hogbin & Song(2007)就曾指出 S-RC 和 O-RC 具有不同的语篇功能,前者主要起描写的作用,而后者主要起定位的作用,对于一种语言来说这两种功能缺一不可。A-RC 数量较少,是因为在及物小句中,A 往往承载旧信息,多以代词、零形式出现,而 O 往往承载新信息,多以词汇形式出现,相关的统计结果也证实这种现象在实际语料中的存在。可见,关系从句的语篇功能也是以 PAS 为基础的,本章将在验证 PAS 的基础上,进一步考察汉语关系从句的语篇功能和语篇分布,更好地揭示形式和功能之间的对应关系。

4.1.4 信息流因素对关系从句分布的影响

Bernardo(1979)较早地从信息结构限制着眼考察关系从句。Fox(1987)提出的"通格"假设也是从语篇功能的视角揭示关系从句内部不同的表达类型。Fox & Thompson(1990)从信息流因素考察英语对话语体中关系从句的分布成为研究关系从句语篇功能的经典文献。

Fox & Thompson(1990)发现在英语对话语体中关系从句的分布存在一定的规律性:非指人的核心名词倾向于 SO 模式而很少出现 OO 模式;指人的核心名词,他们的讨论只限于存在句,发现存在句中 S-RC 要多于 O-RC。根据 Fox & Thompson 的观点,指人的核心名词和非指人的核心名词有不同的定位机制,前者主要通过人自身的行为来定位而后者则通过关系小句中的已知实体来定位。他们的研究表明关系从句的语篇分布可以通过它们在语篇中出现的位置以及关系从句的语篇功能来加以解释。但他们的研究也存在一定的局限性,没有充分考虑核心名词的信息地位对关系从句分布的影响,对于指人的核心名词的讨论只局限于存现句,未对其他的句法位置的分布情况加以讨论。

目前对汉语关系从句语篇分布的讨论还是比较薄弱的,研究的结果也存在分歧,相关的研究有 Chen(1997)、陶红印(2002)、Pu(2007)、Ming(2009)、Ming & Chen(2010)。这里主要介绍对我们研究影响较大的 Chen(1997)、Pu(2007)以及 Ming(2009)的研究成果。

Chen(1997)发现非指人核心名词,SO 是最受欢迎的语篇模式,其次是 OO 结构,对于指人核心名词,不考虑核心名词在主句中的句法位置时主语关系从句超过宾语关系从句(转引自 Ming 2009)。

Pu(2007)只考察汉语主语关系从句和宾语关系从句在主句主语和宾语位置上的分布,发现汉语关系从句按照出现频率存在以下的语篇模式等级: SS>OS>OO>SO,即 SS 是最受欢迎的,而 SO 是最少见的。Pu 认为有三个因素影响说话者对关系从句的使用,第一是认知因素,认为宾语关系从句比主语关系从句更加有标记;第二个因素是语篇-语用因素,如核心名词的信息地位、关系从句的语篇功能;第三个因素是核心名词的语义因素,如生命性、施事性、显著性等,这三个因素中,Pu 认为第一个因素是最重要的。

这些研究成果虽然都涉及了核心名词的信息地位问题,但只有 Ming(2009)才真正关注核心名词的信息地位对汉语关系从句分布的影响,Ming 首先从总体上考察核心名词的生命性和信息地位对关系从句分布的影响,其次把汉语关系从句按照核心名词分成新信息-非指人、旧信息-非指人、新信息-指人以及旧信息-指人这样四类,分别考察这四类关系从句的在主句主语和宾语位置上的分布情况,得出了很多有意思的结论并从语篇功能、生命性、信息地位、定位机制等角度作出了解释,并与 Chen(1997)、Pu(2007)的成果进行对比。

Ming 的研究给了我们很大的启发,我们在考察汉语关系从句是否遵循 PAS 的基础上,拟对汉语关系从句在主句主语和宾语位置上的分布进行考察,充分重视核心名词的信息地位、生命性以及关系从句的语篇功能对其分布的影响,与 Ming(2009)研究不同的是，我们对主语关系从句作出区分，即考察 S-RC、A-RC 和 O-RC 在主句主宾语位置上的分布，以期发现更细致的分布情况。另外 Ming(2009) 对语料的处理也存在一定的局限性，其运用计算机软件搜索指示词和数词“一”来确定核心名词的信息地位，作者本人虽也认识到这其中的错位情况，即这些形式标记并不能有效表明核心名词的信息地位，但限于大型语料库不可能实现人工搜索，所以只能依靠软件提取，这一局限将在我们的研究中得以改进。

4.2 语料提取与标注

4.2.1 语料提取

PAS 关注语篇中及物动词和不及物动词构成的小句在信息分布方面所遵循的语法和语用特征。所以我们只考察由及物动词和不及物动词构成的汉语关系从句，而且只考察被关系化的名词短语在关系小句中充当 A、S 和 O 三种情况；在考察关系从句语篇分布时，也只考察被关系化的名词短语在主句中作主语和宾语的情况。在《饥荒》中 A-RC、S-RC 和 O-RC 构成的关系从句共 509 例，在《爸》中共 659 例。

4.2.2 语料标注

每个关系从句都根据谓语动词的及物性逐一进行标注，被关系化的名词短语根据其在关系小句和主句中的句法位置、生命性、信息地位逐一进行标注，对及物动词的论元从形式和信息地位的角度逐一进行标注。标注内容具体如下：

1. 动词类型

a. 及物动词：至少带两个论元。（如：“除了日本人，她怀恨一切她所认识的老幼男女”中“认识”，《饥荒》p. 13）

b. 不及物动词：只带一个论元。（如：“空中呼啸飞行的战斗

机”中“飞行”,《爸》p. 8)

2. 语法角色

a. A：及物动词的主语。(如：“他不敢打架,即使面对面见着抢去他的老婆的人”中“人”,《饥荒》p. 96)

b. O：及物动词的直接宾语。(如：“马林生重又歪头去看自己拟的检查草稿”中“检查草稿”,《爸》p. 46)

c. S：不及物动词的唯一论元。(如：“他进了里屋,笑嘻嘻地问躺在床上的儿子”中“儿子”,《爸》p. 69)

根据被关系化的名词短语在关系小句中的语法角色,分为 A-RC、S-RC 和 O-RC;根据核心名词在主句中的语法角色,分为 SU 和 DO,两者相结合时,核心名词在主句的语法角色标记在前,被关系化的名词短语在关系小句中的语法角色标记在后,记作 SA、SS、SO 和 OA、OS、OO。(如：“扫大街的清洁工发了清一色的猩红新衣,终日活跃在街头,把马路擦得贼亮一尘不染”中“清洁工”在主句中作主语 SU,在关系小句中为动词“扫”的施事 A,记作 SA。《爸》p. 94)

3. 所指形式

a. 词汇形式：包括光杆名词(如：人、钞票)、名词性短语(如：商店售货员)以及专有名词(如：方六、马林生)

b. 非词汇形式：包括代词和零形式。

4. 信息地位

Chafe(1987,1994)区分三种不同的信息地位：新信息、旧信息和可及信息(accessible)。可及信息由于在信息来源上接近旧信息,在信息处理上接近新信息(屈承熹 2006a),如在英语中多为词汇形式,采用重音音节。在本书的语料标注中,我们把可及信息归入新信息,只关注传统的新旧信息的对比。

a. 新信息：所指刚引入语篇,上文从未提及,没有处于听话者的当前意识焦点之中(Chafe 1987,1994)。如：“一双 t 穿着凉鞋的修长的脚踩着路上的雨水，轻盈，飞快地小跑着，水花在她的脚下噼啪四溅。(《爸》p. 72)”其中核心名词“脚”和论元 O“凉鞋”均为首次引入语篇的新信息。

b. 可及信息：根据 Chafe 的观点包括以下两种情况：早先提及过的某个信息和由相关框架激活而从未提及过的信息。Du Bois(1987)提出某个所指之前已经出现过，但距离至少有 20 个语调单位了，则该所指视为可及信息。如：“在游艺会上，她扮唱了前次未能唱成 t，而且 t 惹起祸来的《红鸾禧》。(《饥荒》p. 47)”其中核心名词“《红鸾禧》”在前文中曾提及过，但距离已经远超过 20 个语调单位，视为可及信息，归入新信息。

c. 旧信息：所指在上文已经提及，处于听话者的当前意识焦点之中(Chafe 1987，1994)。如：“这位居孀老太太的嘴，可不像个寡妇嘴，什么脏字儿都敢出口。日本人听不懂她用 t 的那些字眼儿，光知道冲她傻笑。(《饥荒》p. 258)”其中核心名词“那些字眼儿”是旧信息，前句已经提及这位居孀老太太“什么脏字儿”都敢出口。

5. 生命性(Humanness)

a. 指人名词(Human)：所指是指人的名词，记作 H。

b. 非指人名词(Non-human)：所指是非指人的名词，记作 NH。

4.3 PAS 在汉语关系从句中的验证

4.3.1 PAS 的语法层面

PAS 的语法层面主要验证论元在表层结构的句法表现形式是否存在一定的偏好。由于关系从句的结构特点，被关系化的名词短语都是以词汇形式出现，S-RC 唯一的论元是以词汇形式出现的核心名词，无需进行表现形式的调查，同理 A-RC、O-RC 中相应提取的句法论元A和O也都以词汇形式充当关系从句的核心名词，所以我们只需要对A-RC、O-RC关系小句中的论元形式加以考察，是否存在一定的偏好形式，即是否存在"避免出现一个以上的词汇形式的论元"和"非词汇化的A"的限制。

我们发现《饥荒》和《爸》的相关统计结果非常接近，具体见表4.2：

表4.2　《饥荒》和《爸》中及物关系小句论元的句法表现形式

及物关系小句中的论元		零形式		代词		词汇形式		总计
		N	%	N	%	N	%	
《饥荒》	A-RC中O	6	3.1	8	4.2	177	92.7	191
	O-RC中A	89	48.4	36	19.6	59	32.1	184
《爸》	A-RC中O	7	2.7	18	6.9	236	90.4	261
	O-RC中A	112	45.7	39	15.9	94	38.4	245

从表4.2可见，A-RC中的O和O-RC中的A在句法表现形式上有明显的不同。A-RC中的O以词汇形式出现的高达90%以上，很少以零形式和代词形式出现；而O-RC中A以零形式出现居多，占到45%以上，如果加上代词形式，占到60%以上。这一结果，与PAS所预测的"非词汇化的A"基本是吻合的。在汉语关系小句中O往往以词汇形式出现，而A往往以代词或者零形式出现，在实际语料中，经常出现的实例为：

(1) 它会使t爱鸽子的人们，放起几十只花鸽，在蓝天上旋舞。(《饥荒》p.77，A-RC，论元O以词汇形式出现)

(2) t听到广播的人一致同情方六，可是并没有人设法营救他。(《饥荒》p.152，A-RC，论元O以词汇形式出现)

(3) 瑞丰怕再挨打，不等问便连忙把他平日所认识t的特务都说了出来。(《饥荒》p.48，O-RC，论元A以代词形式出现)

(4) 一个马锐那样年龄的孩子即便一百个诚恳也无从表达，他所掌握 t 的语汇尚不足以详陈如此复杂、微妙的情感。(《爸》p. 45，O-RC，论元 A 以代词形式出现)

(5) 这种毫不掩饰流露出 t 的愿望刺痛了马林生，他感到一种被误会被不公正地对待后的委屈。(《爸》p. 26，O-RC，论元 A 以零形式出现)

大部分的 O-RC 遵循 PAS 的“一个小句避免一个以上的词汇形式论元”的限制。《饥荒》中 68.0%的 O-RC 只有一个词汇形式的核心论元，即被关系化的名词短语，关系小句中的 A 以零形式或者代词出现。《爸》中也有 61.6%的 O-RC 只出现一个词汇形式的核心论元充当被关系化的名词短语，关系小句中的 A 以零形式或者代词出现，其中 A 以零形式出现在两个语料库中均占到 45%以上，这是由汉语中的主语成分省略比较自由的特点决定的。

我们在上述统计中发现了两个有意思的现象：1) A-RC 和 O-RC 的数量接近。换言之，论元 O 往往以词汇形式出现，而论元 A 往往以代词或者零形式出现并没有导致 A-RC 数量的减少，这不符合 PAS 和 Fox(1987)的预期。2)在 A-RC 中，被关系化的论元 A 以词汇形式出现，而关系小句中的论元 O 同样以词汇形式出现的频率高达 90%以上。这些现象说明汉语关系从句中的 A-RC 违反了 PAS 的语法层面的限制，并不遵守 PAS 提出的“一个词汇论元”的限制，具体的原因将在下文讨论。

4.3.2 PAS 的语用层面

PAS 的语用层面主要验证在小句中表达新信息论元的数量以及在论元角色方面相应的分布。

首先，我们验证所有的被关系化名词短语的信息地位，发现被关系化的名词短语主要表达新信息，具体统计结果见表 4.3：

表 4.3　《饥荒》和《爸》中被关系化名词短语的信息地位

被关系化的名词短语		新信息		旧信息		总计
		N	%	N	%	
《饥荒》	S-RC 中 S	110	82.1	24	17.9	134
	A-RC 中 A	126	66.0	65	34.0	191
	O-RC 中 O	139	75.5	45	24.5	184
《爸》	S-RC 中 S	130	85.0	23	15.0	153
	A-RC 中 A	199	76.2	62	23.8	261
	O-RC 中 O	213	86.9	32	13.1	245

然后，我们对 A-RC 和 O-RC 关系小句中的论元从信息地位的角度分别加以考察，发现 A-RC 中的 O 和 O-RC 中的 A 在信息地位方面处于相对地位，即 A-RC 中的 O 倾向于表达新信息，O-RC 中的 A 倾向于表达旧信息，具体统计结果见表 4.4：

表 4.4　《饥荒》和《爸》中关系小句中论元的信息地位

关系小句中的论元		新信息		旧信息		总计
		N	%	N	%	
《饥荒》	A-RC 中 O	140	73.3	51	26.7	191
	O-RC 中 A	35	19.0	149	81.0	184
《爸》	A-RC 中 O	206	78.9	55	21.1	261
	O-RC 中 A	44	18.0	201	82.0	245

最后，为了更好地了解关系从句中信息分布的状况，我们对表 4.3 和表 4.4 进行整合，按照小句论元是否存在两个新信息、两个旧信息、一旧一新对 A-RC 和 O-RC 中论元信息分布情况重新考察，具体统计结果如下：

表 4.5　《饥荒》和《爸》中 A-RC 和 O-RC 论元的信息分布[①]

关系从句类型		两个新信息		两个旧信息		旧 A 新 O		旧 O 新 A		总计
		N	%	N	%	N	%	N	%	
《饥荒》	A-RC	95	49.7	23	12.0	45	23.6	28	14.7	191
	O-RC	33	17.9	43	23.4	106	57.6	2	1.1	184
《爸》	A-RC	168	64.4	24	9.2	38	14.6	31	11.9	261
	O-RC	39	15.9	27	11.0	174	71.0	5	2.0	245

从表 4.3，我们发现 S-RC 主要表达新信息，80%以上的 S-RC 中的被关系化名词为新信息，只有小部分 S-RC 表达旧信息。例如：

(6) 小院的墙角有了 t 发青的小草，猫儿在墙头屋脊上叫着春。(《饥荒》p.77)

(7) 除了那架 t 一开始就在体育场上空盘旋的直升飞机，天空又出现了几架飞机。(《爸》p.111)

(8) 一有了阳光，这破门楼上也有了光明，那 t 发亮的青草居然也有点生意。(《饥荒》p.76)

例(6)和例(7)中被关系化的名词短语“小草”、“直升飞机”均为新信息，而例(8)中被关系化的名词短语“青草”为旧信息，表达旧信息的 S-RC 在两个语料库中均比较少见。

从表 4.5，可以更加清晰地发现，在《饥荒》中有接近一半的 A-RC，在《爸》中有 60%以上的 A-RC 两个论元同为新信息，这明显违背 PAS“一个小句至多一个新信息”的限制。A-RC 中“两个新信息”占绝对优势，接下来是“一旧一新”的分布，其中“旧 A 新 O”要略高于“旧 O 新 A”的分布，在两个语料库中均是如此；最后

---

① 表 4.5 中《爸》的各分项百分比之和因四舍五入，A-RC 总和为 100.1%，O-RC 总和为 99.9%。

是两个论元均为旧信息，在两个语料库中的分布都比较低，分别为12%和9.2%。分别举例如下：

(9) 日本人特由天津调来两位t有权威的“支那通”，教他们鉴定这两个活宝。(《饥荒》p.54)(两个论元同为新信息)

(10) t饱含仇恨怒火的眼光射穿了她的身体，她可怎么办呢？她无法为自己申辩。(《饥荒》p.290)(旧A新O)

(11) 被检查深深打动的刘老师差不多把马林生当作唯一t了解她的知心人那样倾诉衷肠了。(《爸》p.52)(旧O新A)

(12) 他对t送他到门口的马锐说：“老马，留步吧，以后再接着聊。(《爸》p.151)(两个论元同为旧信息)

而相对的O-RC在信息分布方面也存在明显的规律，“旧A新O”是其信息分布的优势类型，反之“旧O新A”则几乎是不可能的，《饥荒》中“旧O新A”只有2例，《爸》中也仅为5例，虽然O-RC中两个论元同为新信息和同为旧信息的情况在两个语料库中有不同的表现，《饥荒》中两个论元同为旧信息的比例略高，而《爸》中两个论元同为新信息的比例略高，但改变不了O-RC对PAS的遵循，“旧A新O”占绝对优势，遵循“一个小句至多一个新信息”以及“A的旧信息”限制。举例如下：

(13) 坐着约翰给拿来t的小板凳，腿上盖着祁家的破被子，晓荷感到寒冷，痛苦，可是心中还没完全失望。(《饥荒》p.4－5)(旧A新O)

(14) 他怕回到家中，面对面的看着老祖父，病母亲，吃那猪狗都不肯吃t的东西；更不愿听到小妞子的哭哭啼啼与韵梅的左右为难的话语。(《饥荒》p.102)(旧O新A)

(15) 他前脚出屋，后面屋内便立即响起录音机播放t的乐曲，孩子们在乐曲的掩盖下喊喊喳喳地低声说话。(《爸》p.27)(两个论元同为新信息)

(16) 不，这已不是他自幼看惯了 t 的天安门，而是一座大的碑或塔，下面藏着死人的尸骨。(《饥荒》p. 169)(两个论元同为旧信息)

4.3.3 语法和语用层面的关联

在语法层面，汉语关系从句中 O-RC 和 S-RC 均遵守 PAS 的制约，在两个语料库中 60%的 O-RC 只出现一个词汇形式的论元，该论元成为被关系化的名词短语，A 以零形式或者代词形式出现，而且以零形式为主。S-RC 由于关系化操作的结果，其唯一的论元都以词汇形式充当被关系化的名词短语，造成其对 PAS 的绝对遵守。而 A-RC 却违背了 PAS 的语法制约，90%以上的 A-RC 中论元 A 以词汇形式构成被关系化的名词短语，而论元 O 在关系小句中仍然以词汇形式出现。

在语用层面，汉语关系从句中 S-RC 唯一的论元 S 主要表达新信息，占总数的 80%以上。O-RC 的论元分布同样遵守 PAS 的制约，“旧 A 新 O”是其典型的信息分布方式，与语法层面零形式或代词形式的 A、词汇形式的 O 构成对应关系，反之“旧 O 新 A”则几乎不可能。而 A-RC 同样出人意料地以表达两个新信息的分布方式违背 PAS 的语用制约，近一半 A-RC 中的论元 A 和 O 同为新信息。

根据 PAS 假设，语法层面和语用层面是相对应的，语法层面以语用层面为基础。语用层面的新信息表达在语法层面表现为词汇形式，反之，则不一定必然，即词汇形式并不总是表现为新信息。所以 S-RC 中论元 S 在语用层面主要表达为新信息，与语法层面核心名词全部采取词汇形式相对应，也印证了 Du Bois (1987)的观点，即相对于对话语体，论元 S 在书面叙事语体中有更高的新信息和词汇形式表达频率。O-RC 中论元 O 倾向于表达新信息，论元 A 倾向于表达旧信息，与语法层面的至多一个词汇形式和论元 A 的非词汇化限制相对应。而 A-RC 违背了 PAS

对语法角色在语法层面和语用层面的规定，但其语用层面的信息特征和语法层面的表达形式也是相对应，即语用层面两个新信息的分布特征与表层语法两个词汇的表达形式相对应。

为什么 A-RC 会违背 PAS 的语法和语用制约？我们认为首先是语体因素，其次是 A-RC 的低及物性(low transitivity)特征，导致 A-RC 在语法和语用层面上对 PAS 的违背。

Du Bois(1987：834 - 836)曾提到"信息压力"对 PAS 的影响，信息压力越大，论元角色之间的语法和语用差异就越明显；信息压力越小，论元角色之间的差异就会缩小。不同的语体有不同的信息压力，第三人称叙事语篇信息压力值(information pressure quotient)往往较高，而关系密切的谈话语篇信息压力值相对就低。不同的论元结构对信息压力改变的反应也是不同的：论元 A 反应最迟钝，始终保持对新信息和词汇形式的限制性，论元 O 反应较敏锐，而论元 S 反应最敏锐。如果要合理地验证 PAS，要特别注意语体的类型。Du Bois 预测在无准备的口头语体中论元 A 位置都不会出现较高的词汇形式或新信息。

在本文研究中我们采用的语料正是第三人称书面叙事语体，一方面书面叙事语体信息压力值较高，对于有效验证 PAS 有着特殊的价值，能够清晰地区分不同的论元在句法语用层面的不同表现，更符合 PAS 对于论元表达的上限规定①；另一方面书面叙事语体属于有准备的语篇，可能会触发 A-RC 对 PAS 在语法和语用层面的违背，因此语体因素成为我们解释 A-RC 特殊表现的立足点。

Chafe(1987)指出书面语与口语相比，在基本语调单位倾向于包装更多的信息。书面语不用受到"短时记忆"的限制，有更多的时间用于编辑信息，在书面语中有更多的扩展语调单位的装

① PAS 从数量上对语法和语用两个维度所作出的预测是关于最大量的规定，也就是对上限的规定。

置，使表达更加复杂。所以虽然在口语中，两个词汇论元同时表达新信息是不受欢迎的关系从句类型，但是这种密度更高的信息表达形式在书面语中并不存在问题。

Ewing(1991)采用书面语料考察印尼语关系从句的语篇功能时也发现A-RC对PAS在语法层面的违背，认为语体因素是主要的原因。信息流因素以及书面语和口语的语体差异可以用来解释A-RC在书面语篇中的高频率现象。书面语篇较之口语语篇在基本表达单位中倾向于包装更多的信息，A-RC可以不受到口语语篇信息表达的限制，在书面语篇中可以提供更多的信息量，因而有较高的出现频率。

方梅(2004)也曾指出语体对关系从句表达的影响，书面语与口语不同语体对关系从句前置与后置的选择具有一定的弹性：口语里前置型关系从句受"简单结构"的限制，从而催生后置型关系从句的出现；但是，书面语里前置型关系从句较少受"简单结构"限制，可以容纳更多的信息。

"语言的使用塑造了语法"(Du Bois 1987：851，2003b：49)。我们认为正是由于书面语体的非即时性，作者有更多的时间利用书面语调单位表达更多的新信息，使得A-RC可以采取两个词汇论元的形式同时表达新信息。

另一个原因是A-RC的低及物性。Hopper & Thompson(1980)提出关于小句及物性高低的十个参数，在此基础上进一步提出了书面叙事语篇中前景(foreground)的高及物性特征和后景(background)的低及物性特征。我们仔细观察语料库中的A-RC，虽然"两个词汇论元"的形式占A-RC总数的90%以上，两个新信息论元占绝对优势，但是A-RC还是表现出强烈的低及物性特征：1)动词的低及物性。A-RC中的动词多为非动作性、非瞬时性，如"有"、"具有"、"爱"、"喜欢"、"骗"、"告诉"、"卖"、"得到"、"带"、"充满"等。这些低及物性动词在句法表层表现为带两个词汇论元，但是所带的论元 O 并不是那么典型的受事论元，受到动作的影响较小(non-affected O)。例如：

(17) 父亲检查他的集邮册时，也从上面撕下了一些 t 有女人妖艳形象的邮票。(《爸》p. 191)

(18) 迎面过来三个 t 挎着冲锋枪的武警巡逻小组，他和他们慢慢走近，擦肩而过。(《爸》p. 117)

例(17)关系小句中动词“有”具有非动作性、非瞬时性的特点，对所带论元“女人妖艳形象”的影响很小，“有”在 A-RC 中是比较突出的用例，数量最多；例(18)关系小句中动词“挎”的动作性高于“有”，但是同样具有非瞬时性的特征，带上助词“着”更加凸显其持续性。

2) 小句的无界性或非终止性(atelic)。动作已完成，带有界宾语，则小句拥有较高的及物性；反之，动作未完成，则小句的及物性较低。A-RC 多为非终止性，例如：

(19) 在她抚弄妞子的小手小脚丫的时候，她真恨不得妞子再变成个 t 吃奶的小孩子。(《饥荒》p. 169)

(20) 几乎所有男孩子嘴上和手上都叼着或夹着 t 正在冒烟的香烟。(《爸》p. 112)

我们认为 A-RC 的低及物性特征使得其在句法表层以两个词汇论元的形式表达不那么重要的新信息。这些新信息主要表达作者的评论、观点和态度，以及提供相关的后景信息，作者“以读者为本”，帮助读者充分理解事件和建立相应形象。

PAS 强调语法和语篇的互动关系，而且该假设在信息压力较大的语境中才能更好地发挥其预期功能，所以我们选择书面叙事语体是比较理想的检验材料。研究发现，S-RC 和 O-RC 均遵守 PAS 的制约，但是 A-RC 违背 PAS 的制约，再次说明了语体差异对语法现象的影响。陶红印(1999)强调语法研究的语体意识。本书的研究发现只是局限于汉语书面叙事语体关系从句的表现和规律，至于该结论是否适用于其他书面叙事语体还须作大量的实证研究，而且与口语叙事体、口语对话等其他语体的共性和差异有多大、如何解释需要进一步的探索。

4.4 汉语关系从句的语篇功能

4.4.1 S-RC 的语篇功能

通过汉语关系从句对 PAS 的验证，S-RC 和 O-RC 基本符合 PAS 的制约，而 A-RC 违背 PAS 的制约，这一结果与 S-RC、O-RC 和 A-RC 各自的语篇功能也存在一定的关联。我们将结合核心名词的信息地位、生命性来讨论 S-RC、O-RC 和 A-RC 不同的语篇功能。

结合 Fox(1987)、Fox & Thompson(1990)、Ewing(1991)、Hogbin & song(2007)的观点，我们认为 S-RC 主要起描写的功能，通过描写使核心名词所指具体化，从而使读者明确其所指，这和关系小句的动词类型密切相关，不及物的谓语主要起描写主语的作用，如：

(21) 马林生站在院里的阳光中，看着晾衣绳上t随着微风轻轻摇摆的红领巾和小裤衩愉快地遐想。(《爸》p. 70)

(22) 小院的墙角有了t发青的小草，猫儿在墙头屋脊上叫着春。(《饥荒》p. 17)

例(21)、(22)中的核心名词“红领巾和小裤衩”、“小草”均为新信息，关系小句对核心名词进行描写，使之具体化，使读者建立起相关事物的具体形象。Hogbin & song(2007: 219)指出不同于对话的即时性，在书面语篇中，读者没有机会提出问题来明确细节或者与作者进行实际的互动，所以作者可能就通过 S-RC 提供关于行动、人物更多的信息，以便缩小可能存在的误解或者使读者能够对语篇中的世界做出清晰的想象。所以 S-RC 的描写功能是与书面语篇的语体特点保持一致。

Fox & Thompson(1990：301—302)认为关系从句有两种语篇功能：描写功能和识别功能。描写功能与表达新信息的核心名词相联系，而识别功能与表达旧信息的核心名词相联系①。除了描写功能，我们发现S-RC也有识别的功能：

(23) 不错，象胖菊子们，还照常烫头发，修指甲，可是她们都到那t不减价的美容室去。(《饥荒》p.114)

(24) 在t同时出生的那拨婴儿中他被产科的护士们公认为是最漂亮、最雄壮的。(《爸》p.15)

例(23)和例(24)中的“美容室”、“那拨婴儿”都是首次引入语篇，是新信息，但是它们标记为有定成分，关系小句在这里起识别的功能。

结合核心名词的信息地位和生命性，我们发现S-RC的核心名词倾向于表达新信息，80%以上的S-RC表达新信息(见表4.3)，结合生命性因素，就会发现S-RC的核心名词多为新信息-非指人名词，具体统计结果见表4.6：

表4.6 S-RC核心名词的信息地位和生命性

语料来源	关系从句类型	信息地位	生命性
《饥荒》	S-RC	新信息：110(82.1%)	H：45(33.5%)
			NH：65(48.5%)
		旧信息：24(17.9%)	H：12(9.0%)
			NH：12(9.0%)

① Hogbin & Song(2007)则认为关系从句的描写功能和识别功能是与核心名词的有定性和无定性相联系。新旧信息和有定无定虽然存在一定的相关性，但并不是完全对应的，这里不展开对这两组概念的讨论，只说明核心名词的信息地位和有定性会在一定程度上影响关系从句功能的表达。

续 表

语料来源	关系从句类型	信息地位	生命性
《爸》	S-RC	新信息：130(85%)	H：37(24.2%)
			NH：93(60.8%)
		旧信息：23(15%)	H：11(7.2%)
			NH：12(7.8%)

表 4.6 说明当 S-RC 核心名词为新信息时，生命性因素的差异比较明显，非指人的名词要多于指人名词；而核心名词为旧信息时，生命性因素的差异并不明显，指人名词和非指人名词是平均分布的。

4.4.2 O-RC 的语篇功能

4.3 中，我们发现 O-RC 基本遵循 PAS 在语法和语用上的制约，O-RC 中的 A 以代词或零形式出现的比例达到 60%以上（详见表 4.2），并且在信息分布上，旧 A 新 O 是主要类型，反之旧 O 新 A 几乎不可能，所以 O－RC 中关系小句主要起定位的功能，其核心名词也主要表达新信息，详见表 4.7：

表 4.7 O-RC 核心名词的信息地位和生命性

语料来源	关系从句类型	信息地位	生命性
《饥荒》	O-RC	新信息：139(75.5%)	H：23(12.5%)
			NH：116(63.0%)
		旧信息：45(24.5%)	H：9(4.9%)
			NH：36(19.6%)
《爸》	O－RC	新信息：213(87.0%)	H：15(6.1%)
			NH：198(80.8%)
		旧信息：32(13.0%)	H：5(2.0%)
			NH：27(11.0%)

表 4.7 说明无论 O-RC 的核心名词为新信息还是旧新信息时，生命性因素都起着重要的作用，非指人名词要多于指人名词，O-RC 的核心名词多为新信息-非指人名词，举例如下：

(25) 一个马锐那样年龄的孩子即便一百个诚恳也无从表达，他所掌握 t 的语汇尚不足以详陈如此复杂、微妙的情感。(《爸》p. 45)

(26) 孩子们注视着他，一声不吭，他们一点也没被他制造 t 的假象所迷惑所打动。(《爸》p. 26)

(27) 晓荷象见了亲人似的赶紧立起来，把所有能拿出来 t 的笑意都搬运到瘦脸上来。(《饥荒》p. 122)

(28) 他不慌不忙的往前走，想起刚才在车站看到 t 的那张自己的相片。(《饥荒》p. 170)

在 O-RC 关系小句中论元 A 往往以代词或者零形式出现，而论元 O 以词汇形式充当被关系化的名词短语。例(25)和例(26)中核心名词“语汇”、“假象”通过关系小句中的已知实体“他”得以定位；而例(27)和例(28)中关系小句中的论元 A 省略，其核心名词通过已知的主句主语得以定位。

4.4.3 A-RC 的语篇功能

Fox(1987)指出 A-RC、O-RC 主要起定位的功能，A-RC、O-RC 和 S-RC 将所指引入语篇的不同之处在于，A-RC、O-RC 牵涉到两个名词性成分，其中一个名词性成分在关系小句中起定位的作用。但是 O-RC 和 A-RC 也有不同的情况，O-RC 中的 A 往往是代词，是已知信息，是很好的定位者，而 A-RC 中的 O 往往是词汇形式，是新信息，不是好的定位者，所以导致在语篇中 O-RC 的数量要多于 A-RC。

虽然在汉语 O-RC 和 A-RC 关系小句中 A 和 O 也有相对的表现，即 O-RC 中的 A 往往是代词，是已知信息，是很好的定位者，而 A-RC 中的 O 往往是词汇形式，是新信息，不是好的定位者

(见4.3分析),但是在语篇中A-RC的数量并没有少于O-RC,可见除了定位功能之外,A-RC具有不同于O-RC的语篇功能。

A-RC中O很少以代词或者零形式出现,90%以上的A-RC中论元A和论元O都以词汇形式出现,所以在我们的语料中A-RC更多的是以例(29)和(30)的形式出现,而不是以例(31)和(32)的形式出现:

(29) 那帮t在胡同打台球的坏小子们总是在他经过时截他。(《爸》p. 242)

(30) 它会使t爱鸽子的人们,放起几十只花鸽,在蓝天上旋舞。(《饥荒》p. 77)

(31) 他们不再是她的街坊邻居,而是仇恨她,甚至t想杀她的人。(《饥荒》p. 291)

(32) 一个叫花子是不在乎牙齿上有龋洞的,他需要每个t遇到他的人礼数周全的问候么?(《爸》p. 27)

例(29)和例(30)中论元A即核心名词"坏小子们"、"人们",论元O"台球"、"鸽子"都以词汇形式出现,这是A-RC在书面叙事语体中最常见的形式,而像例(31)和例(32)那样,O以代词形式出现A以词汇形式出现的A-RC在实际语料中却很少见。例(31)和例(32)中核心名词均为"人",通过相应的关系小句与已知实体"他"和"她"相联系,得以在语篇中得以定位。

相应地,从信息分布的角度,A-RC中两个核心论元均表达新信息占到A-RC总数的一半(见表4.5),如例(29)和例(30)中"坏小子们"和"台球"、"人们"和"鸽子"均为新信息,其次才是一旧一新的模式,如例(32)中论元O"他"为旧信息,论元A"人"为新信息。

表4.8是A-RC核心名词的信息地位和生命性情况,我们发现A-RC也主要表达新信息,结合生命性因素,A-RC的核心名词主要为指人名词。

表 4.8 A-RC 核心名词的信息地位和生命性

语料来源	关系从句类型	信息地位	生命性
《饥荒》	A-RC	新信息：126(66.0%)	H：70(36.6%)
			NH：56(29.3%)
		旧信息：65(34.0%)	H：44(23.0%)
			NH：21(11.0%)
《爸》	A-RC	新信息：199(76.2%)	H：103(39.5%)
			NH：96(36.8%)
		旧信息：62(23.8%)	H：45(17.2%)
			NH：17(6.5%)

与 O-RC 主要通过关系小句定位不同的是，A-RC 主要通过主句或前文相关命题定位。因为 A-RC 中必有论元 A 和 O 都倾向于以词汇形式表达新信息，所以表达新信息的核心名词 A 无法通过关系小句中同样为新信息的论元 O 进行定位，只能通过主句或前文相关命题进行定位，如例(29)中"那帮坏小子们"是可及信息，行文较早提及过，在此页上一段落中作者详述主人公之一"马锐"陷入了烦恼，"安全、自在的胡同现在已经成了一条充满荆棘和陷阱的畏途"、"每天上学放学经过这条胡同都成了一种对他毅力的考验……"，重新激活了已经沉积下去的信息并且使"那帮坏小子们"在语篇中得以定位，例(30)通过已知的主句主语"它"使得新信息"人们"得以定位。

不同于 O-RC，A-RC 很少提供定位的作用，其语篇功能主要是描写和识别，这与 S-RC 的语篇功能相似，如：

(33) 门前来了个 t 又像兵又像护士的日本人。(《饥荒》p. 122)

(34) 服务员清一色都是 t 身穿锦缎旗袍的年轻小姐。(《爸》p. 84)

(35) 他态度亲切，丝毫不显莽撞，只有t当过多年警察的人，才能做得这么自然。(《饥荒》p. 265)

(36) 操场上空空荡荡，t进校的学生躲在楼的阴影下聊天、打闹。(《爸》p. 33)

例(33)和例(34)中关系小句中动词为"像"、"穿"提供描写信息，核心名词为新信息。而例(35)和例(36)中关系小句主要起识别的作用，核心名词"人"和"学生"为旧信息。

综上所述，S-RC、A-RC和O-RC在语篇功能以及核心名词的信息地位、生命性方面存在一定的差异：S-RC和O-RC的核心名词主要为表示新信息的非指人名词，但在语篇表达功能方面，S-RC主要起描写和识别的作用，O-RC主要起定位的作用；而A-RC的核心名词主要为表示新信息的指人名词，主要起描写和识别的作用，而不是定位的作用。我们拟用下列的关联模式来概括S-RC、A-RC和O-RC在语篇功能、信息地位和生命性方面存在的差异：

关系从句类型	核心名词	语篇功能
S-RC	表示新信息-非指人名词	描写、识别
O-RC	表示新信息-非指人名词	定位(锚定)
A-RC	表示新信息-指人名词	描写、识别

4.5　汉语关系从句的语篇分布

4.5.1　总体分布

本节我们将从关系从句语篇总体分布入手，进一步来验证S-RC、A-RC和O-RC的语篇功能，以及核心名词的信息地位、生命性对关系从句分布的影响。表4.9和表4.10为S-RC、A-RC和O-RC在《饥荒》和《爸》两个语料库中的总体分布，这里我们只考察S-RC、A-RC和O-RC在主句主宾语位置的分布情况。

表 4.9　《饥荒》中关系从句核心名词的信息地位、生命性和语篇分布

信息地位和生命性 \ 句法位置		主句主语位置			小计	主句宾语位置			小计	总计
		SS	SA	SO		OS	OA	OO		
旧信息	H	3 (7.9%)	8 (21.1%)	2 (5.3%)	13 (34.2%)	5 (13.2%)	17 (44.7%)	3 (7.9%)	25 (65.8%)	38 (100%)
	NH	2 (4.9%)	5 (12.2%)	9 (21.9%)	16 (39.0%)	4 (9.8%)	9 (21.9%)	12 (29.3%)	25 (61.0%)	41 (100%)
新信息	H	6 (6.6%)	24 (26.4%)	0	30 (33.0%)	24 (26.4%)	28 (30.8%)	9 (9.8%)	61 (67.0%)	91 (100%)
	NH	11 (7.2%)	5 (3.3%)	13 (8.6%)	29 (19.1%)	39 (25.7%)	31 (20.4%)	53 (34.9%)	123 (80.9%)	152 (100%)

表 4.10 《爸》中关系从句核心名词的信息地位、生命性和语篇分布

信息地位和生命性＼句法位置		主句主语位置			小计	主句宾语位置			小计	总计
		SS	SA	SO		OS	OA	OO		
旧信息	H	2（4.8%）	23（54.8%）	3（7.1%）	28（66.7%）	8（19.0%）	5（11.9%）	1（2.4%）	14（33.3%）	42（100%）
	NH	3（8.1%）	7（18.9%）	7（18.9%）	17（45.9%）	4（10.8%）	3（8.1%）	13（35.1%）	20（54.1%）	37（100%）
新信息	H	10（9.4%）	26（24.5%）	2（1.9%）	38（35.8%）	17（16.0%）	43（40.6%）	8（7.6%）	68（64.2%）	106（100%）
	NH	17（6.1%）	18（6.5%）	34（12.2%）	69（24.8%）	51（18.3%）	48（17.3%）	110（39.6%）	209（75.2%）	278（100%）

从表4.9和表4.10可以看出，不考虑生命性因素，当核心名词为旧信息时，在《饥荒》中关系从句出现在主句宾语位置的数量要多于主语位置，而在《爸》中出现在主句主语位置的数量要多于宾语位置；当核心名词为新信息时，则主句宾语位置具有绝对的优势，在两个语料库中均得到了支持。不考虑信息因素，当核心名词为指人名词时，关系从句主要出现在主句宾语位置；当核心名词为非指人名词时，则主句宾语位置更是具有绝对的优势，这在两个语料库中均得到了支持。结合生命性因素和信息因素，新信息-非指人核心名词其优势分布在两个语料库中均为OO；旧信息-非指人核心名词其优势分布在两个语料库中也均为OO；旧信息-指人核心名词其优势分布在《饥荒》中为OA，在《爸》中为SA；新信息-指人核心名词其优势分布在两个语料库中均为OA，由此可见，核心名词的信息地位和生命性对关系从句的语篇分布都存在一定的影响。接下来，我们将以核心名词的信息地位和生命性为主要变量，来考察汉语S-RC、A-RC和O-RC在语篇中的分布情况，并结合关系从句的语篇功能等作出相应的解释，并与Fox & Thompson(1990)、Ming(2009)等研究成果作一比较。

4.5.2 新信息-非指人核心名词的关系从句分布

表4.11 新信息、生命性(非指人)和关系从句的分布

核心名词为新信息	SS	SA	SO	OS	OA	OO	总计
《饥荒》NH	11 (7.2%)	5 (3.3%)	13 (8.5%)	39 (25.7%)	31 (20.4%)	53 (34.9%)	152 (100%)
《爸》NH	17 (6.1%)	18 (6.5%)	34 (12.2%)	51 (18.3%)	48 (17.3%)	110 (39.6%)	278 (100%)

Ming(2009)发现新信息-非指人核心名词的关系从句的优势分布是OS(即本书中OS+OA)(41.8%)和OO(37.6%)，其解释

OO 既符合核心名词的定位要求又符合核心名词的语义特征，而 OS 是因为主句完成定位功能而关系小句提供附加信息，但为什么 OS 会高于各方面更理想的 OO，作者并没有交代。我们通过区分 S-RC 和 A-RC 就清晰地发现 OO 才是最具优势的分布模式，其次才是 OS 和 OA。

Fox & Thompson(1990)指出非指人核心名词，OO 在语篇分布上并没有优势，因为 O-RC 在线性表达过程中已通过往往是代词的主语得到了定位，关系小句主要提供新信息，这符合英语中"新信息居末"的普遍范式，所以关系从句的分布模式可以刻画为：

(37) Subject Verb Object Head [RC：(NP_{REL})描写]

但是正如 Ming(2009)指出的那样，汉语关系从句与英语关系从句有不同的结构特点，在汉语中，关系小句居于核心名词之前，关系小句仍能起定位的作用，特别是当主句没有所指能够提供定位功能时尤其如此，如：

(38) 坐着约翰给拿来 t 的小板凳，腿上盖着祁家的破被子，晓荷感到寒冷，痛苦，可是心中还没完全失望。(《饥荒》p. 4)

(39) 几乎是以一种绝望的心情来尽力捕捉她残存 t 的旧貌，以求证实自己并非由于恍惚和激动再次认错了人。(《爸》p. 224)

如例(38)和例(39)中主句主语以零形式出现，例(38)属于方梅(2008)指出的"主语零形反指"，即小句主语的指称对象要到下文去找，例(39)中主语至始至终都没有出现，所以上两例中关系从句中的核心名词"小板凳"、"旧貌"就不可能通过主句主语来定位，仍然是通过关系小句中的已知实体"约翰"和"她"实现定位。

其次，作为新信息-非指人的名词倾向于出现在主句宾语位置，这与宾语位置本身的句法语义特征是相关联的。Givón

(1983,1984)、Du Bois(1987)指出主语位置倾向于有定的、可识别的、具体的、指人的所指;而宾语位置倾向于无定的、无法识别的、不具体的、非人的所指。所以非指人的、新信息、非话题性这都是宾语的典型特征,使得新信息-非指人核心名词所带的关系从句倾向于出现在主句宾语位置上,构成OO分布模式。

除了OO分布模式之外,在两个语料库中OS和OA也有较高的分布频率(《饥荒》中25.7%和20.4%,《爸》中18.3%和17.3%)。导致OS分布较高的原因,Ewing(1994)、Ming(2009)指出是因为主句主语进行定位,而S-RC主要提供新信息,如:

(40) 院中有个小小的砖塔,塔旁有一棵t歪着脖的柏树。(《饥荒》p.175)

在(40)中主句主语"塔旁"是已知信息,使表达新信息的宾语"柏树"得以定位,则关系小句无需定位而只是起描写的功能。

至于OA也有较高的分布,我们认为是因为关系从句中的论元A是非指人的核心名词,动词及物性较低,论元O几乎都以词汇形式出现,表达新信息,这使得这类新信息-非指人的核心名词构成A-RC主要起描写的作用,提供新信息,与S-RC的功能接近,在分布上也比较接近,如:

(41) 几乎所有男孩子嘴上和手上都叼着或夹着t正在冒烟的香烟。(《爸》p.112)

(42) 她希望一〇九号不久便变成日本人心中的一个t有强烈色彩的数字。(《饥荒》p.47)

新信息非指人的核心名词主要出现在主句宾语位置,较少出现在主句主语位置,在两个语料库中SO的分布模式只占到8.5%和12.2%,SA和SS则更加少见,这进一步证明了主语和宾语典型特征对相应名词的选择性,即新信息-非指人的名词与主语的旧信息、指人、显著性和话题性的原型特征不匹配,其次,SA和SS不能满足新信息非指人的核心名词定位的需要,根据前文对PAS

的检验，A-RC 和 S-RC 的功能接近，主要起描写而不是定位的功能，所以导致 SA 和 SS 模式是最少见的。以下是 SO、SA 和 SS 的用例：

(43) 只有这样，为她花 t 的钱才不冤。(《饥荒》p. 229)

(44) 连 t 正忙着孵窝的麻雀都不敢动了，张着小嘴在树叶下蹲着。(《饥荒》p. 121)

(45) 屋内 t 熊熊燃烧的火炉散发着温暖，他裸露的皮肤有一种舔吮般的惬意。(《爸》p. 203)

4.5.3　旧信息-非指人核心名词的关系从句分布

表 4.12　旧信息、生命性(非指人)和关系从句的分布

核心名词为旧信息	SS	SA	SO	OS	OA	OO	总计
《饥荒》NH	2 (4.9%)	5 (12.2%)	9 (21.9%)	4 (9.8%)	9 (21.9%)	12 (29.3%)	41 (100%)
《爸》NH	3 (8.1%)	7 (18.9%)	7 (18.9%)	4 (10.8%)	3 (8.1%)	13 (35.1%)	37 (100%)

从表 4.12 可见 OO 是旧信息-非指人核心名词优势分布模式，其次 SO 在两个语料库中也有较高的比例[①]。这与 Chen (1997)的统计结果一致，而与 Ming(2009)、Pu(2007)有差异。Ming(2009)发现旧信息-非指人核心名词优势分布模式是 OS 和 SS，而 SO 和 OO 是不受欢迎的分布模式，其中 OO 是出现最少的分布模式。但我们认为 OO 成为旧信息-非指人核心名词最受欢迎的分布模式，是由关系从句语篇功能决定的。

---

① 由于在我们的统计中，旧信息-非指人核心名词总数比较有限，所以容易导致各分布模式数量上比较接近，在《饥荒》中 SO 和 OA 具有相同的比例，在《爸》中 SO 和 SA 有相同的比例，但考虑到两个语料库的共性，我们认为 OO 是最具优势的分布模式，其次是 SO，至于 OA 和 SA 在这里就不详细讨论了。

旧信息-非指人核心名词构成的 O-RC，关系小句中的论元 O 是旧信息，而论元 A 也往往是旧信息，这一点在 4.3.2 中已经得到了证明，旧 O 新 A 模式几乎是不可能，所以只能构成旧 O 旧 A 的模式，这种模式中关系小句主要起识别的作用(Ewing 1991；Fox & Thompson 1990)，如：

(46) 唯独韵梅没有要李老人拿来 t 的报纸和浆子。(《饥荒》p. 237)

(47) 日本人听不懂她用 t 的那些字眼儿，光知道冲她傻笑。(《饥荒》p. 258)

(48) 马林生重又歪头去看自己拟 t 的检查草稿(《爸》p. 47)

(49) 他拍打着缴获 t 的图书大声呵斥儿子(《爸》p. 192)

Fox & Thompson(1990)提到关系小句识别所指时也往往采用锚定的办法，也就是说，起识别作用的关系小句同时也起到了锚定的作用。旧 O 旧 A 模式决定了关系小句的识别功能，这种起识别功能的关系小句主要提供背景信息。

旧信息-非指人核心名词与典型的主语和宾语特征存在一定的错位，旧信息使得其具有典型的主语特征，而非指人又使得其具有典型的宾语特征，所以导致其在主语和宾语位置都存在一定的分布，下面是 SO 的例子：

(50) 这台灯投射出 t 的光圈是整个外屋的惟一光源。(《爸》p. 12)

(51) 他精心选出 t 的那些文学教材，都意在激起学生的爱国热忱，排除他们的民族自卑感。(《饥荒》p. 232)

至于 SS 为什么会在两个语料库中比例均最低，我们认为这是受到了信息流理论中“轻主语”的限制。因为核心名词为旧信息，已经处于读者的意识焦点之中，无需提供更多的新信息来建立相应的具体形象，再加之又处于主句主语位置，限制信息的数量，出现的 5 例 SS 中关系小句的数量都非常简单，都处于 5 个字以内，2 个字数出现 2 例，3 个字数、4 个字数和 5 个字数各出现 1 例，所以上述两个原因导致 SS 成为最不受欢迎的分布模式。具体举例如下：

(52) 那矮矮的门楼已不甚整齐，砖瓦的缝隙中长出细长的几根青草；一有了阳光，这破门楼上也有了光明，那 t 发亮的青草居然也有点生意。(《饥荒》p. 76)

(53) t 霓虹般变幻的灯光正映照着她如同斯时斯地正映着他。(《爸》p. 128)

4.5.4　旧信息-指人核心名词的关系从句分布

表 4.13　旧信息、生命性(指人)和关系从句的分布

核心名词为旧信息	SS	SA	SO	OS	OA	OO	总计
《饥荒》H	3 (7.9%)	8 (21.1%)	2 (5.3%)	5 (13.1%)	17 (44.7%)	3 (7.9%)	38 (100%)
《爸》H	2 (4.8%)	23 (54.8%)	3 (7.1%)	8 (19.0%)	5 (11.9%)	1 (2.4%)	42 (100%)

表 4.13 的数据说明旧信息-指人核心名词的关系从句的分布，在《饥荒》中 OA 最高，其次是 SA，而 SO 最低；在《爸》中 SA 最高，其次 OS，而 OO 最低，这一结果与 Ming(2009)基本一致，Ming 发现 SS(即本书中的 SS＋SA)和 OS(即本书中 OS＋OA)较高，而 SO 和 OO 较低，但我们发现同样主语位置上的主语关系从句内部 S-RC 和 A-RC 分布是不均匀，宾语位置上的主语关系从句内部也是如此。

Ming(2009)指出旧信息-指人核心名词构成主语关系从句要多于宾语关系从句，这是因为旧信息-指人核心名词不需要通过关系小句来进行定位，这就减少了宾语关系从句的数量。这一倾向也在表 4.13 中得到了验证，旧信息-指人核心名词构成主语关系从句要远多于宾语关系从句(《饥荒》33：5,《爸》38：4)。但是,我们进一步发现,旧信息-指人核心名词构成 A-RC 的数量要多于构成 S-RC 的数量(《饥荒》25：8,《爸》28：10),因为 S-RC 的核心名词主要为新信息-非指人名词,而 A-RC 主要为指人的核心名词,虽然语篇中有超过 60%的 A-RC 的核心名词表达新信息,但还有 30%左右的 A-RC 表达旧信息,其中指人名词的数量超过非指人名词(见表 4.8),所以导致旧信息-指人名词多为 A-RC 而不是 S-RC。

旧信息-指人名词构成的 A-RC 在《饥荒》中主要分布在主句宾语位置,而在《爸》中主要分布在主语位置,并没有像 Ming (2009)等期望的那样,旧信息、指人的特征与原型主语的特征符合,所以出现在主语位置的比例应高于宾语位置。其特殊的原因来自语体因素,即《饥荒》和《爸》在语体上的细微差异导致旧信息-指人核心名词在两个语料中分布的不平衡,《饥荒》中 OA 最高,而在《爸》中 SA 最高。虽然同为叙事语体,同样以家庭为题材,但《饥荒》中人物众多,人物关系也更加复杂,主要反映大时代背景下的人物,而《爸》中人物相对简单,主要刻画马林生和其儿子马锐的关系,其他的人物都是陪衬,所以在《饥荒》中 OA 比例较高,反映了人物与人物之间的错综复杂的关系,而在《爸》中 SA 比例较高,反映了对主要人物不同时空的刻画。先以《饥荒》中的 OA 为例：

(54) 他是祁老人的孙子,天佑的儿子,瑞宣的弟弟,冠晓荷的朋友,他不敢打架,即使面对面见着 t 抢去他的老婆的人。(《饥荒》p. 96)

(55) 一斜眼,他看明白了 t 跟着他的人,高第!(《饥荒》p. 171)

(56) 她谁都能爱,就是不能爱那 t 打死她老伴的日本人。(《饥荒》p. 258)

在上述例子中,A-RC中论元A,即被关系化的核心名词为指人的旧信息,都通过关系小句得以定位,核心名词和关系小句中的宾语构成各种关系,例(54)"人"抢去"他"老婆,例(55)"人"跟着"他",例(56)"人"打死"她"老伴。而《爸》中共有23例SA模式,其中主语为专有名词就有11例,如:

(57)"水流进脖子了!"t佝偻着身子低着头的马锐嚷。(《爸》p.4)

(58)t正在屋里练臂力的马锐举着两只哑铃出来。(《爸》p.98)

石定栩(2010)、唐正大(2006a: 226)认为像例(57)、(58)这类关系小句具有事件谓语(s-level)的特征,是从不同的时空来刻画专有名词,这类关系小句只能理解为限制性。

4.5.5 新信息-指人核心名词的关系从句分布

表4.14 新信息、生命性(指人)和关系从句的分布

核心名词为新信息	SS	SA	SO	OS	OA	OO	总计
《饥荒》H	6 (6.6%)	24 (26.4%)	0	24 (26.4%)	28 (30.8%)	9 (9.8%)	91 (100%)
《爸》H	10 (9.4%)	26 (24.5%)	2 (1.9%)	17 (16.0%)	43 (40.6%)	8 (7.5%)	106 (100%)

Ming(2009)发现OS(即本书中OS+OA)和SS(即本书中SS+SA)有较高的比例,而SO和OO比例较低,这与表4.14的数据是一致的。通过观察,我们则进一步发现OA具有绝对的优势,这在两个语料库中均得到支持,其次是SA和OS,分布最少的是OO和SO,其中SO在《爸》中仅为2例,而《饥荒》中则没有出现。

OA是新信息-指人核心名词优势分布类型,主要有两方面的原因：一是A-RC本身与新信息-指人名词存在较高关联度(见4.4.3)，二是满足核心名词定位的要求，我们发现A-RC不同于O-RC，其关系小句很难满足核心名词定位的要求，旧O新A模式数量很少，如：

(59) 他知道，日本人喜欢t用文言写文章的中国人。(《饥荒》p.212)

(60) 况且书店内还有那么些t熟悉了解他的同事逡巡着(《爸》p.129)

这种旧O新A类型的A-RC在《饥荒》中只有5例，《爸》中只有7例，其他均为新O新A模式。在新O新A模式中，核心名词无法通过关系小句定位，其定位功能只能通过主句主语或前文相关命题得以实现，这就导致A-RC主要出现在主句宾语位置。我们发现OA模式中主句谓语及物性很低，多为"像"、"如同"、"有"、"喜欢/爱"、"看见"、"找"这些弱及物性动词[①]，表示某种关系，并不会对指人的核心名词产生什么影响，具体举例如下：

(61) 他继续像个t扮演白痴的蹩脚戏子连连发问，就差没流口涎了，"你们谈什么书呢？借我看看好不好？"(《爸》p.26)

(62) 虽说四大妈拿不出东西款待t来吊丧的人，守灵、出殡还是按规矩办了。(《饥荒》p.242)

Fox & Thompson(1990)、Ming(2009)指出新信息-指人核心名词与典型的主语和宾语存在一定的错位，指人所指倾向于出现在主语位置，而表达新信息的所指则倾向于出现在宾语位置。这种错位使得其在分布上不可能只采用一种策略，即新信息-指人核心名词在主语和宾语位置都会出现，所以表4.14中除了OA

① 其中出现最多就是表示比况的动词，在共计71(28+43)例OA中"像/如同/变成/成为"出现28次。

模式之外，SA 也有较高的比例，如：

(63) t 抢烧饼的人是个极瘦、极弱的人，没命的跑，可又跑不快。(《饥荒》p. 248)

(64) t 穿白制服的交通警一反往常地从岗楼和指挥台下来(《爸》p. 106)

与 OA 分布情况相似，SA 同样有两种情况，一种就是 A-RC 的核心名词通过已知论元 O 得以定位，如例(63)中核心名词“人”通过关系小句得以定位，论元 O“烧饼”为已知实体，“人”通过“烧饼”得以定位；另一种论元 O 与论元 A 同样都是新信息，如例(64)，A-RC 主要起描写的作用，核心名词通过前文相关命题进行定位。

而 OS 模式中，核心名词通过主句主语或前文命题得以定位，关系小句无需提供相关的定位信息，所以就由 S-RC 提供相应的描写信息，如：

(65) 有时候，她看见 t 成群的日本兵。(《饥荒》p. 147)

(66) 他背着手站在院门口看了会儿 t 过往的行人和飞驰而过的自行车，又转回这里。(《爸》p. 216)

SO 和 OO 成为分布最少的模式，说明指人名词是不需要通过宾语关系从句来进行定位的，在及物小句中，指人名词往往成为论元 A，而很少成为论元 O，SO 又再次违背主语倾向于表达旧信息的原型特征，所以在实际语篇中非常罕见。现各举一例 SO 和 OO 的用法：

(67) 他们谈话议论 t 的人，那些令他们感兴趣的人都是环球上叱咤风云的人，根本数不上马林生，就像他们生活中没这个人。(《爸》p. 178)

(68) 这样，他觉得老三忽然变成个他所不认识 t 的人。(《饥荒》p. 209)

4.6　小结

本章从信息流因素考察汉语关系从句是否遵循PAS，并在此基础上讨论S-RC、A-RC和O-RC的语篇功能以及语篇分布情况。

我们发现汉语书面叙事语体中S-RC和O-RC基本符合PAS的制约，在语法层面至多出现一个词汇形式的必有论元，在语用层面避免出现一个以上的新信息论元。而A-RC严重违背PAS的制约，90%以上的A-RC出现两个词汇形式的必有论元，两个新信息论元也是A-RC中信息分布的主要模式。我们认为是语体因素以及A-RC的低及物性特征，导致其在语法和语用层面上对PAS的违背。书面语未受到"短时记忆"的限制，有更多的时间用于编辑信息，在书面语中有更多的扩展语调单位的装置，使表达更加复杂。所以虽然在口语中，两个词汇论元同时表达新信息是不受欢迎的关系从句类型，但是这种密度更高的信息表达形式在书面语中并不存在问题。

在验证PAS的基础上，我们分别讨论了S-RC、A-RC和O-RC的语篇功能。S-RC的核心名词大多为新信息-非指人名词，其关系小句主要起描写和识别的作用，O-RC的核心名词大多为新信息-非指人名词，其关系小句主要起定位的作用；而A-RC的核心名词大多为新信息-指人名词，其关系小句也主要起描写和识别的作用，而不是起定位的作用。

本章详细考察了S-RC、A-RC和O-RC在语篇中的总体分布情况，充分重视核心名词的信息地位、生命性对关系从句分布的影响，并从关系从句的语篇功能等角度做出解释。我们发现：汉语关系从句倾向于分布在主句宾语位置，当核心名词为新信息、非指人时这种倾向会变得更加明显；非指人核心名词（无论是表达新信息还是旧信息）多与O-RC相联系，OO是非指人核心名词在语篇中的优势分布类型；指人核心名词（无论是表达新信息还是旧信息）多与 A-RC 相联系，OA 是指人核心名词在语篇中的优势分布类型；关系从句的分布是多种因素综合作用的结果，其中核心名词的生命性、信息地位、关系从句的语篇功能以及语体因素都起着重要的解释作用。

本书注重形式和功能的相互验证，基于 PAS 对汉语关系从句的验证，关注 S-RC、O-RC 和 A-RC 内部的语法和语用制约机制，做到语法层面和语用层面相结合；明确关系从句的语篇功能，在此基础上考察 S-RC、A-RC 和 O-RC 的语篇分布，通过语篇分布验证语篇功能，做到内部功能和外部分布相结合。

第五章　汉语关系从句的谓词类型与论元分布

5.0　引言

刘丹青(2005a：8)指出目前汉语关系从句的范围尚未很好划定,“对于一个主动宾齐全的小句(如‘学生买书’)来说,将其主语或宾语提取出来作核心名词,在关系小句中留下一个与核心名词同指的语迹,这是最典型、最少争议的关系化结构”,但是以下两种情况就会遇到难以确定的问题：一是不及物动词及形容词充当小句谓语;二是作定语的及物动词论元残缺。刘丹青(2005a：8)根据汉语的实际类型特点,认为“单个不及物动词、单个形容词和单个及物动词带定语标记修饰名词,从理论上说都有理由看作关系从句,但比起论元齐全的及物动词或带有述谓性强化成分的不及物动词和形容词定语来说,它们只能算不典型的关系从句”。这一观点得到了吴语方言如苏州话的证明。

刘丹青提出的两种情况,至少涉及到以下三个方面的问题：首先合格的关系小句包含哪些谓词类型,其中形容词能否构成关系小句争议最大;其次是谓词的表现形式如何,简单形式和复杂形式是否构成典型关系从句和非典型关系从句的对立;第三是谓词的论元分布如何,完整式和省略式是否构成典型关系从句和非典型关系从句的对立。以上三个问题很难通过内省的方式加以回答，已有的文献如唐正大（2005）、陈玉洁（2010）、陈刚（2012b）只是就形容词能否构成关系小句提出自己的看法，并没有全面研究汉语关系从句的谓词类型和论元分布。

本章采用以北京话为基础的书面叙事语体来具体考察汉语关系从句的谓词类型和论元分布情况，揭示不同的谓词类型在句法语义结构和语篇分布方面表现出的不同特点，以及及物动词论元在数量和角色省略方面的倾向性，并从语篇功能的角度给予初步的解释，从而为汉语关系从句范围的划定提供事实依据。

5.1　相关讨论

5.1.1　事件谓语和属性谓语

唐正大（2005）通过对关中方言的考察注意到，关系小句的事件谓语（stage-level predicate）和属性谓语（individual-level predicate）的对立，对关系从句结构的多种表现至关重要。这可能是国内注意到谓语类型会对关系从句的诸多方面产生深刻影响的第一项成果（刘丹青 2012：14）。事件谓语句表达的是一个有界、暂时性的事件，它关涉的人或事物一般多为某个特定的个体，涉及的时间一般是某个时刻或某一时段。属性谓语句表达的是一种状态或活动，多是无界的，一般不针对某个特定的时间，多以泛时为主（王灿龙 2013：168）。如：

（1）正在上课的老师

（2）喜欢游泳的老师

例（1）和说话时间-空间有参照关系，是指说这句话的时候，“老师正在上课”；例（2）和说话时间-空间没有参照关系，“喜欢游泳”表明一种活动，是泛时的，并不指明在说话之前、之后或说话的时候“老师喜欢游泳”。

通过事件谓语和属性谓语对关系小句谓词的刻画，发现了一些谓词类型与关系从句结构的对应关系，如：1)从句谓语的语义类别与所用的定语标记有关；2)从句谓语的语义类别与主句谓语的语义类别有关；3)与关系从句在句中的语序位置有关，详见刘丹青(2012：15)以及唐正大(2005)。事件谓语和属性谓语这对概念有助于研究者关注到关系小句内部的差异性，但具体到关系小句的三种谓词类型，即及物动词、不及物动词和形容词在事件谓语和属性谓语的表达方面是否有相同的表现，唐正大的研究并没有涉及，我们将借助这对概念来考察关系小句三种谓词类型在句法语义结构和语篇分布方面存在的差异性。

5.1.2　形容词是否构成关系从句

汉语形容词的语法性质历来有很大争议(郭锐 2012)。沈家煊(2009b)提出名词、动词、形容词的包含模式，即把形容词看成动词的次类，形容词也具有谓词性。在汉语关系从句的范围这一问题上，形容词是否构成关系从句是一个有争议的问题。

刘丹青(2005a：8)认为汉语中作定语的不及物动词和形容词都属于谓词，可以作名词的谓语，因此有资格分析为关系从句，而英语这样的语言中，形容词不能直接作谓语，必须加上系词才能作谓语，因此不带系词、只能作定语的形容词自然也就不能分析为关系从句了。汉语的情况与英语不同，不过，需要注意到，光杆的不及物动词和形容词其实在汉语中的述谓性也不强，即使看作关系从句也只能算不典型的关系从句。刘丹青(2005b：202)指出"形容词作定语情况比较简单，虽然有理由看作关系从句，但调查时可以不必放在关系从句部分处理。"可见上述论断主要还是停留在理论层面，还需要相应的论证。

形容词是否构成关系从句可以在类型学上找到一定的依据。Dixon(2004：15)发现，如果一种语言的形容词靠近动词，那么这种语言的形容词一般会有两种方式修饰名词：1)直接修饰；2)关系化。不过，这两种修饰名词的方式会在语义上具有一定的差别（译文引自陈刚 2012b：120）。根据目前的研究，汉语的形容词靠近动词，在修饰名词上的确存在 Dixon 提出的两种情况，如：

（3）a. 白纸

b. 白的纸

c. 雪白的纸

刘丹青（2005a：4）提出两条鉴别定语标记的句法标准：一、用了它可以不用“的”类标记；二、删除它必须补进其他标记。根据这两条标准：（3）c 构成关系从句，因为“的”是强制性的，“雪白纸”不合语法，“雪白的纸”可以看作是“纸雪白”通过关系化操作提取主语得到的结构；（3）a 肯定不是关系从句，没用“的”也没补进其他标记；而（3）b 却存在一定的模糊性，“白纸”和“白的纸”是否构成对立，有的学者就认为“白纸”是区别性的，“白的纸”就具有陈述性。我们同意周韧（2012）的观点，不认为“白纸”和“白的纸”在句法分布和语义上有什么显著差别，“的”不是“白的纸”的句法中心，所以我们把“白纸”和“白的纸”看作是平行结构而不是对立结构，“白的纸”和“白纸”一样，都不属于关系从句结构。

张伯江（1997）立足类型学的研究方法，将可以直接作定语的有关词语看作形容词；传统归入形容词、但作定语时必须带“的”的一大批词如“安静、悲伤、充沛”等则排除在形容词之外。刘丹青（2005a：14）指出“从关系从句的角度看，这样处理虽然未必为国内学界所习惯，其实却是合理的。带‘的’以后就有关系从句的性质而不是地道的形容词定语。构成关系从句是谓语尤其是动词的特征，假如它不能直接作定语，确实不宜分析为形容词。”陈刚（2012a）发现北京话中“状态形容词＋一＋核心名词”是关系从句结构，而“性质形容词＋一＋核心名词”则不是，再次说明了状态形容词与性质形容词的差异。性质形容词不带“的”作定语是无标记匹配，而状态形容词作定语，则必须强制性带标记“的”。

结合上述观点，我们认为汉语形容词修饰名词，存在关系化的方式，其鉴别标准可以在刘丹青（2005a）的基础上进行微调，在北京话（普通话）中鉴别形容词作关系小句的句法标准：一、“的”是强制性的；二、不存在平行结构。

5.2　谓词类型与论元角色

5.2.1　谓词类型

我们认为汉语关系从句的谓词类型包括：及物动词、不及物动词和谓词性形容词。郭锐（2012：9－11）认为汉语形容词既有谓词性又有饰词性，谓词性强于饰词性。其中谓词性形容词充当谓语无标记，充当定语有标记。例如：

(4) a. 手疼
　*b. 疼地方
　c. 疼的地方

郭锐的统计表明，现代汉语中，在4万词范围内，2799个属性词的语法性质格局中谓词性的属性词（可以充当谓语，不能直接充当定语）有1652个，占属性词的59%（郭锐2012：11），可见绝大部分形容词都是谓词性的。下文没特别说明，提到的形容词都是指谓词性形容词。

汉语的及物动词和不及物动词比较难以区分。对动词“及物性”的定义，有语法、语义、功能三个角度（李晋霞2008）。语法定义重在根据形式标准，可以带宾语的为及物动词、不能带宾语的为不及物动词。语义标准则从意义出发，根据动词在意义上是否存在一个动作施与的对象划分出及物动词与不及物动词。Hopper & Thompson（1980）提出的及物性假设，及物性是包含多种特征的连续体，动词的语义是判断及物性高低的一个重要标准。功能定义着眼于语篇，综合句法的各种特性，制定出一个尺度测定句子及物性的高低(屈承熹 2001)。

我们根据研究的需要,采用形式标准,就是说能直接带宾语的是及物动词,不能直接带宾语的是不及物动词[①]。意义是分类的基础和依据,但是不便作为分类的标准(王俊毅 2001)。

我们认为汉语关系从句的谓词类型具体包括以下 3 类:

1) 及物动词。这类动词至少带两个论元[②],内部也存在及物性的高低,如:

(5) 坐着约翰给拿来 t 的小板凳,腿上盖着祁家的破被子,晓荷感到寒冷,痛苦,可是心中还没完全失望。(《饥荒》p. 4 - 5)

(6) 马林生重又歪头去看自己拟 t 的检查草稿……(《爸》p. 46)

(7) 除了日本人,她怀恨一切她所认识 t 的老幼男女。(《饥荒》p. 13)

(8) 他像一个 t 没有助手的老迈的大师,眼睁睁地看着自己宝贵的才华随生随灭束手无策。(《爸》p. 13)

(9) 他从枕下褥中又搜出几本小说,t 都是描写成年人隐秘生活和内心的小说明显儿童不宜。(《爸》p. 192)

例(5)和例(6)中"拿"和"拟"分别带受事和结果宾语,属于强及物性动词。而例(7)—例(9)代表了不同程度的弱及物性动词,包括心理动词,如例(7)中"认识";领有动词,如例(8)中的"没有";以及例(9)中系词"是",带对象或者客体宾语。

2) 不及物动词。这类动词只有一个论元,如:

(10) 门外两株老槐的叶子时时微动,一些 t 开败了的槐花轻

---

① 采用形式标准对动词的及物性进行划分的有李临定(1990)和陆俭明(1991),详见曾立英(2004)。

② 这里的论元指必有论元或者核心论元,不包括旁格等非核心论元。

轻的落下来。(《饥荒》p. 130)

(11) 前妻和前岳母沮丧地离去后,他进了里屋,笑嘻嘻地问t躺在床上的儿子。(《爸》p. 69)

3) 形容词。这类谓词带有一个论元,汉语中的形容词较之系动词有更强的及物性,因为形容词像典型的动词,可以有体标记、能被副词修饰,可以带结果补语等,例如:

(12) 他穿了一身t小了两三号的学生服,上身长不及腰,裤子短的露出小腿。(《饥荒》p. 296)

(13) 他把妞子那t瘦得皮包骨的小尸首高高举起,让那日本老太婆看。(《饥荒》p. 289)

5.2.2 及物动词的论元角色

Dixon(1979)提出A、S和O是普遍的语义-句法基元,也叫核心语法角色。其中A是一个及物动词中最像施事的论元,例如:

(14) 一个中国巡警敢拦住t给日本人做事的官儿!(《饥荒》p. 95)

例(14)中"官儿"就是A论元,"官儿给日本人做事"是主动宾齐全的小句,将A论元提取出来,构成关系化结构。

而O(也用P表示)是及物动词中最像受事的论元。例如:

(15) 他辛辛苦苦宰杀、煮熟t的小动物们都只剩了森森白骨(《爸》p. 112)

例(15)中"小动物们"就是O论元,"他辛辛苦苦宰杀、煮熟小动物"也是主动宾齐全的小句,将O论元提取出来,构成关系化结构。

Dixon(1979)、Tao(1996)指出对O的理解跟词序无关,即A、S和O是基于深层语义结构的,因为汉语是主题突出型语言,所以O论元也可以提升到主题位置,居于动词之前,如:

(16) 那个姑娘隔着玻璃往里看的笑脸久久印在他脑子里,像一张t_1不停重放t_2的幻灯片。(《爸》p. 70)

在例(16)中,“幻灯片”似乎可以处于动词之前也可以处于动词之后,汉语主题突出造成“一张幻灯片不停重放”这样的句子也很常见,但是从深层语义的视角,我们在处理这类语料时,还是把“幻灯片”处理成“不停重放”的宾语,即 O 论元。

5.3 汉语关系小句谓词的分布与特点

5.3.1 总体分布

首先,我们按照关系小句的谓词类型,即及物动词、不及物动词和形容词来考察汉语关系小句的分布,见表 5.1 和表 5.2:

表 5.1 《饥荒》中关系小句的谓词类型分布

谓词类型	总计	比例
及物动词	384	38.7%
不及物动词	138	13.9%
形容词	464	46.7%
特殊结构	7	0.7%
总计	993	100.0%

表 5.2 《爸》中关系小句的谓词类型分布

谓词类型	总计	比例
及物动词	526	43.1%
不及物动词	154	12.6%
形容词	510	41.8%
特殊结构	31	2.5%
总计	1221	100.0%

表 5.1 和表 5.2 揭示了在汉语叙事语体中关系小句谓词类型的分布情况，及物动词和形容词所占的比例比较接近，在《饥荒》中形容词谓词的比例高于及物动词，而在《爸》中及物动词的比例稍高于形容词。不及物动词在《饥荒》和《爸》中的比例比较接近，分别为 13.9%和 12.6%。

接下来我们将按照谓词的句法形态，即单一形式和复杂形式来进一步考察汉语关系小句的谓词分布情况。单一形式是指光杆形式，即单个的及物动词、不及物动词和形容词构成的谓词类型；复杂形式是指通过重叠、添加论元和体标记等句法形态手段构成的谓词类型。统计结果见表 5.3 和表 5.4：

表 5.3　《饥荒》中关系小句谓词的单一形式和复杂形式

谓词类型		数量	比例
及物动词	单一形式	9	2.3%
	复杂形式	375	97.7%
不及物动词	单一形式	31	22.5%
	复杂形式	107	77.5%
形容词	单一形式	200	43.1%
	复杂形式	264	56.9%
总计		986	

表 5.4　《爸》中关系小句谓词的单一形式和复杂形式

谓词类型		数量	比例
及物动词	单一形式	12	2.3%
	复杂形式	514	97.7%

续 表

谓词类型		数量	比例
不及物动词	单一形式	34	22.1%
	复杂形式	120	77.9%
形容词	单一形式	241	47.3%
	复杂形式	269	52.4%
总计		1190	

我们发现表 5.3 和表 5.4 的统计结果非常相似，虽然《饥荒》和《爸》出自于不同作家之手，时间跨度上也相距半个世纪，但是在语言事实方面(关系小句的谓词分布上)却存在高度的相似性。及物动词和不及物动词单一形式和复杂形式的分布几乎是一致的，及物动词很少采用单一形式，即光杆形式，及物动词采取光杆形式构成关系小句都只占 2.3%，97.7%的及物动词都采用复杂形式构成关系小句。不及物动词较少采用单一形式，《饥荒》中单一形式占 22.5%，复杂形式占 77.5%；《爸》中单一形式占 22.1%，复杂形式占 77.9%，这说明汉语及物动词和不及物动词在实际构成关系小句时都倾向于采用复杂形式，特别是及物动词。

而形容词的表现与及物动词和不及物动词有较大的差异，形容词构成关系小句时单一形式和复杂形式几乎各占一半，《饥荒》中 43.1%的形容词采取单一形式构成关系小句，《爸》中这个比例还更高一些，为 47.3%；采取复杂形式的比例略高于单一形式，超过形容词谓词的半数，分别为 56.9%和 52.4%。

所以从总体上来说复杂形式是汉语关系小句的主要形式，这也比较符合关系小句的原型。刘丹青(2005a：10)指出“关系小句毕竟是一种小句，比单词层级更高，它要求比单词更复杂的形式是很正常的。”但具体到不同的谓词类型，里面有比较显著的差异性，特别是形容词构成的谓词类型。

在关系小句总体分布方面，还有一点值得注意，大部分的关系小句都只有一个主要谓词，我们称之为常规结构。如：

(17) t很热的阳光已射在她的头上。(《饥荒》p. 81)

(18) 瑞宣仔细地瞧了瞧爷爷，看出爷爷已经有了生气，不再象是t在阴阳界上徘徊的人了。(《饥荒》p. 221)

(19) 他使自己完全显得像一个t有预谋有目的地去抓邻居赌博的街道积极分子。(《爸》p. 25)

例(17)—(19)都是采用复杂形式的关系小句，例(17)使用程度副词修饰形容词，例(18)通过添加状语，例(19)通过添加状语以及论元，这些谓词结构中只有一个谓词。有的谓词出现并列结构，但在功能上可以视为一个整体，也同样属于常规结构，如：

(20) “你跟他废那么多话干吗？”一个t高大粗壮和那小伙子同样年轻的警察大步从一边走过来，横眉立目地对马林生说：“不让进就是不让进！少在这儿泡蘑菇，泡也没用！赶紧走—听见没有？”(《爸》p. 209)

(21) 门前来了个t又象兵又象护士的日本人。(《饥荒》p. 122)

(22) 当年这只是卖大众菜肴的食堂式的下等饭馆，店堂内终日挤满t吃包子喝鸡蛋汤的出差干部。(《爸》p. 84)

如例(20)出现三个形容词并列的情况“高大、粗壮、年轻”，例(21)带有明显的并列标志“又……又”，例(22)是及物动词带宾语的并列结构，这些谓词结构从功能上与各组成部分一致，所以视为一个整体，看作一个关系从句。

而下面的关系小句情况比较特殊，包含一个以上的功能不同的谓词，我们称之为特殊结构，如：

(23) 马锐看了一眼,又躺下了,只留下一个t光洁粉红尚未因脚气的骚扰而糜烂蜕皮的脚丫。(《爸》p. 13)

(24) 在这么讲论的时候,他能暂时忘了眼前的危亡与耻辱,而看见个t光华灿烂,到处是周铜汉瓦,唐诗晋字,与梅岭荷塘的中华。(《饥荒》p. 66)

(25) 但他们走在街上,看到四城八乡一座座、一片片t拔地而起正在抢建t的场馆,总觉得有自己一份儿,因而头抬得格外高。(《爸》p. 95)

(26) 他走过一扇扇t闪烁着金色光芒透明似无的窗户,从后面看去像是一截不溶于水的黑色特棍。(《爸》p. 264)

例(23)关系小句由形容词"光洁、粉红"和不及物动词"糜烂、蜕皮"构成,例(24)关系小句由形容词"光华、灿烂"和及物动词"是"构成,例(25)由不及物动词"拔地而起"和及物动词"抢建"构成,例(26)由及物动词"闪烁"和形容词"透明似无"构成。这些不同的谓词类型似乎不存在内部的修饰关系,更像是一种并列关系,使我们在考察关系小句谓词类型时无法把这些例子独立归为三种谓词类型其中的某一类,所以我们把这类关系小句记为特殊结构。

也许更恰当的处理,是把相应的谓词看作是省略关系化标记"的"而来,即把有几个谓词就看作是几个关系小句,但是这样的话,也会带来一定的麻烦:第一,与我们的关系从句定义相抵触,我们是以"的"作为界定关系从句的标准;第二,这种解析方式会破坏关系小句内部的结构关系,不利于对关系小句内部构造的认识。这些例子总数有限,在《饥荒》中只有7例,在《爸》中有31例。

接下来我们将从句法形式和语义结构两个方面来详细描写汉语关系小句中不同谓词类型的特点,句法形式主要刻画复杂形式的构成,而语义结构则主要借助事件谓语和属性谓语这组概念来分析不同谓词的各自表现。

5.3.2 形容词谓词的特点

在句法形式方面，形容词构成的关系小句有以下几个特点：

1) 单一形式约占一半

从表 5.3 和表 5.4 可见，《饥荒》中单一形式的形容词占 43.1%，《爸》中占 47.3%，接近一半。正如前面讨论的问题，在汉语中，形容词更接近动词，其中的证据之一就是作谓语的形容词要多于作定语的形容词，郭锐（2012）的统计结果也证明了这一点，谓词性的形容词占所有属性词（形容词）的 59%，所以形容词单一形式修饰名词，不存在平行结构，即不存在“的”可以省略的情况，我们认为即使是单一形式也看作关系从句，而不是定语形式。以下例子是形容词单一形式构成的关系小句：

(27) 蓝东阳有了 t 丰富的诗料。（《饥荒》p. 18）

(28) 马锐头上包着 t 雪白的绷带，由于屁股上打了“破伤风”针，走起路来一拐一拐，在夜色中看上去如同一个小伤兵。（《爸》p. 64）

(29) 至于那个前岳母，她倒是一个 t 和气的老太太，可她养了这么个女儿还有什么可说的？（《爸》p. 65）

2) 复杂形式的构成方式，主要有：

a. 重叠，包括单音节形容词重叠、双音节形容词重叠以及后附生动形式，如：

(30) 烟头上 t 长长的烟灰掉了下来，洒了马林生一腿，他连忙扑落。（《爸》p. 56）

(31) 抢完了，一个个还象 t 漂漂亮亮的小磁娃娃似的叽叽呱呱有说有笑地各回各家。（《饥荒》p. 243）

(32) 里屋泻出来的光把门的轮廓投影在外屋 t 黑魆魆的地上。（《爸》p. 12）

(33) 愣磕磕的，他瞪着那 t 黑不溜球的怪饼，两手一劲儿哆

嗦。(《饥荒》p. 90)

b. 程度副词修饰,如受到“很”、“最”、“极”、“颇”、“这么”、“那么”、“非常”等副词的修饰,如:

(34) 尽管她平日跟招弟并没有t极厚的感情,可是骨肉到底是骨肉。(《饥荒》p. 36)

(35) 他们在引座小姐的带领下,在角落一个t很清静的厢座面对面坐下。(《爸》p. 85)

(36) 他需要的一切都可以在他家附近那些t不那么奢华、普通的商店买到。(《爸》p. 2)

(37) 她想不起什么时候看见过t这么多,这么脏,这么臭的衣裳来。(《饥荒》p. 155)

c. 连用,两个以上的形容词叠加连用,共同修饰核心名词,如:

(38) 他已不是个t体面干净的理发匠,而是一个游魂!(《饥荒》p. 118)

(39) 同t昏暗、冷清的书店店堂相比,外面的大街既明亮又热闹。(《爸》p. 2)

d. 构成主谓结构,强调核心名词某一方面的特征,如:

(40) 他像一个t经验丰富的老中医很快地把握住了作者的思想脉博。(《爸》p. 28)

(41) 得找个t腿脚利索的人。(《饥荒》p. 270)

e. 添加状语,包括一些差比句的使用,如:

(42) 在她犹如蜂蜇般不停的尖叫声中,坐在靠墙那排座位的夏青不情愿地站起来,用t比蚊子叫大不了多少的声音对笑闹的全班同学说:“你们别闹了。”(《爸》p. 37)

(43) 要是他胆敢在黑板上写点什么t跟学生生活密切相关的东西,他马上就会给抓起来。(《饥荒》p. 232)

f. 添加补语,如:

(44) 那滚滚的黄流与 t 小得可怜的山村，似乎是原始的，一向未经人力经营过的。(《饥荒》p. 158)

(45) 那个 t 冷漠得像不锈钢餐刀的医生，在另一个气鼓鼓的女护士的帮助下给马锐缝着伤口，他的动作熟练、迅速如同服装厂的女工在给成衣订扣子。(《爸》p. 63)

在语义结构方面，按照事件谓语和属性谓语划分，我们发现形容词构成的关系小句几乎都属于属性谓语，主要表现在排斥时体标记、与指数量成分同现时以前置为绝对倾向。

1) 排斥时体标记

a. 几乎不与体标记“着”、“了”、“过”同现。

在《饥荒》和《爸》533 例形容词复杂形式构成的关系小句中只有两例出现“了”，见例(46)和例(47)，这里的“了”主要表示状态的变化和肯定已经出现的情况。另有两例与“着”同现的关系小句，见例(48)和例(49)，未找到与“过”同现的小句。

(46) 今天，因为屋中冷得要命，他只好早早的出来活动活动 t 半僵了的腿。(《饥荒》p. 6)

(47) 他穿了一身 t 小了两三号的学生服，上身长不及腰，裤子短的露出小腿。(《饥荒》p. 296)

(48) 及至笑得喘不过气来，她立住，双手抱住“伟人”的臂，把 t 蓬蓬着的头发都放在他的怀里，肩与背一抽一抽的动弹。(《饥荒》p. 148 - 149)

(49) “那多么好!”韵梅闭上了眼，心中浮起 t 比三海大着多少倍的海，与蓝石头蓝树木的蓝山。(《饥荒》p. 157)

b. 几乎不与表示事件发生的时间和地点的词语同现。

在《饥荒》和《爸》533 例形容词复杂形式构成的关系小句中只有两例出现了与事件相关的时间词语：

(50) 马林生从收架上拿下一本 t 近期畅销的情节小说……(《爸》p. 32)

(51) 他使劲把儿子的头往饭碗按下去，马锐双手撑着桌沿儿，用力挺颈，紧闭着嘴，虽然脸都贴到了t已经冰凉的面条但坚持一口不吃。(《爸》p. 198)

2) 与指数量成分同现以前置为倾向

陈玉洁(2010：318,321,326)提出在汉语中，修饰语表示属性还是事件，与限制性与非限制性功能有一定的联系。大致说来，存在这样的一个关联模式：

谓语性质	语用功能	语序
属性谓语	非限制性	Dem-M-N
	限制性	M-Dem-N
事件谓语	限制性	M-Dem-N

陈玉洁认为形容词从语用功能上来说，与关系从句有着根本的区别，它多用于修饰，描写特定人物或事物的性质或状态，可称为修饰性定语；而关系从句多用于对事物的类型或范围进行限定或限制，可称为限制性定语。正因为形容词和关系从句的功能有显著不同，所以在与指示词同现时，反映出来的结果是：形容词经常用于指示词之后，而关系从句经常用于指示词之前。

陈玉洁对关系从句的定义是限制性的，本章我们对关系从句的定义并不区分限制性和非限制性，虽然对关系从句的定义不同，但是她对形容词构成的关系小句的看法引起了我们的关注，她认为形容词是修饰性的，是属性谓语，是非限制性的，所以与指示词共现时存在这样的语序关联：Dem-M-N，并且在附录中例举来自书面语的语料，在这类描写性较强的文体中作为修饰语的形容词全部用于指示词之后，没有见到例外，这有力地支持她的假设。

我们的语料支持其结论，同时我们扩展考察的对象，包括关系从句中出现的所有的指数量成分，即指示(代)词、数词和量词及其相互之间构成的组合，记作 DQC (Demonstrative

Quantitative Classifier Markers)。发现 DQC 后置于形容词的例子，在《饥荒》中有 8 例 M-DQC-N，其中单一形式的形容词 2 例；《爸》中共找到 4 例 M-DQC-N，均为复杂形式的形容词，单一形式的形容词全部为 DQC-M-N 语序。这些指数量成分后置的关系从句结构的核心名词均为无定形式，现举例如下：

(52) 她低着头，立在 t 相当长的一队旅客的后边。(《饥荒》p. 35)

(53) t 这么小的一条胡同，倒有两个院子被日本人占据住，大家感到精神上的负担实在太重。(《饥荒》p. 45)

(54) 那矮矮的门楼已不甚整齐，砖瓦的缝隙中长出 t 细长的几根青草；一有了阳光，这破门楼上也有了光明，那发亮的青草居然也有点生意。(《饥荒》p. 76)

(55) 可是，尽管她骂人，她还去帮忙大家；她并不为 t 小小的一点怨恨而收起她的善心；她不仅有一点善心，她伟大！(《饥荒》p. 151)

(56) 老三已不是祁家四世同堂的一环，而是 t 独当一面的一个新中国人。(《饥荒》p. 208)

(57) 他苦恼、焦虑甚至暗地里饮泣，哪怕 t 最微不足道的一个念头记录下来也足以惊天地泣鬼神啊！(《爸》p. 13)

(58) 马林生嚷嚷道，思路转到 t 离他最近的一个孩子身上。(《爸》p. 114)

(59) 屏幕上不是 t 黄煞煞的一片国民士兵就是 t 灰秃秃的一片八路军战士(《爸》p. 253)

5.3.3 不及物谓词的特点

在句法形式方面，不及物动词构成的关系小句有如下几个特点：

1) 较少采用单一形式

在《饥荒》和《爸》中都只有 22% 多一点的不及物动词采用单

一形式，绝大部分不及物动词充当关系小句谓词时都采用复杂形式。以下例子是不及物动词单一形式构成的关系小句：

(60) 显然，这一不负责任的诋毁和指控不仅使一向清白的刘老师一怒冲天，同时也激怒了所有t在场的和刘桂珍同样年龄同样身份的妇女们。(《爸》p. 39)

(61) 那个t值勤的警察也不知何时开着摩托下岗了。(《爸》p. 134)

2) 复杂形式的构成

a. 重叠。刘丹青(2005a)提到动词的简单重叠式不能构成关系小句，采用反复貌重叠式则可以。具体的原因目前还没有完满的解释。在我们的语料中也只找到一例反复貌重叠式：

(62) 隔着泪，她看见车站上t来来往往的人；那么多人，可是她只剩了自己。(《饥荒》p. 30)

b. 带体标记。《饥荒》中107例复杂形式的不及物动词中带体标记的有25例，《爸》中120例复杂形式的不及物动词中带体标记的有23例。

(63) 她本来没有什么口才，再加上这么一堵，她便变成一条t登了陆的鱼，只张嘴，而没有声音。(《饥荒》p. 20)

(64) 渐渐的，巡警的眼神失去了作用，人群从头至尾成了一列t走动着的火车，到处都乱响。(《饥荒》p. 81)

c. 加状语，主要是增加时间或地点状语。如：

(65) 晓荷把脸上的笑意一直运送到脚指头尖上，全身象t刚发青的春柳似的，柔媚的给他们鞠躬。(《饥荒》p. 1)

(66)瑞宣仔细地瞧了瞧爷爷，看出爷爷已经有了生气，不再象是t在阴阳界上徘徊的人了。(《饥荒》p. 221)

d. 带补语。如：

(67) 楞了半天之后，第一个t来到她心中的念头是——逃走！(《饥荒》p. 30)

(68) 他翻身朝里继续睡去，一只手拽过 t 团在脚下的毛巾被搭盖在身上。(《爸》p. 89)

在语义结构方面，我们认为不及物动词兼有属性谓语和事件谓语的特征，带有时体标记、地点状语，具有特定时空语义特征的不及物动词表达的是事件谓语，反之则为属性谓语，如：

(69) 他的注意力被数百名 t 新入场的 t 穿得很少的女大学生吸引住了，暂时没话，待看了个够后，又欢眉喜眼地开了口。(《爸》p. 114)

(70) 这一切都被 t 趴在教室窗户的马锐、铁军和夏青看在眼里。(《爸》p. 189)

(71) 自然，她还没忘了再嫁的难堪与惭愧，特别是她天天须看到一位 t 守节多年的马外婆；可是，“不得已”能原谅一切，她有什么更好的办法呢？(《饥荒》p. 62)

(72) 他站在十几年如一日惯常站立的那个 t 迎着门的位置……(《爸》p. 71)

例(69)、例(70)表示事件谓语，“新”、“(此刻)趴在教室窗户”具体显示特定时空的语义特征，和说话时间-地点有参照关系，而例(71)和例(72)中主句中“天天”、“十几年如一日、惯常”，强调了关系小句所修饰的核心名词的“恒久、常态”的语义特征，这两例中的不及物谓词为属性谓语。

在与指数量成分的相对位置上，主要构成 DQC-M-N 的语序，小部分构成 M-DQC-N，《饥荒》中有 4 例，《爸》中有 5 例，但与形容词不同的是，这些指数量成分后置的关系从句结构的核心名词除了无定形式之外，还包括有定形式，如：

(73) 屋里除了 t 横躺竖卧的几个人，没有任何东西。(《饥荒》p. 119)

(74) “真对不住，”t 站在一边的一个女人可怜巴巴地说，“孩子把浆子给吃了，白巡长，给我们说几句好话吧，一年四

季孩子们都没见过白面。”(《饥荒》p. 240)

(75) 马锐在刚出生是是个可爱的婴儿，在t同时出生的那拨婴儿中他被产科的护士们公认为是最漂亮、最雄壮的。(《爸》p. 15)

5.3.4 及物谓词的特点

在句法形式方面，及物动词构成的关系小句有如下几个特点：

1) 很少采用单一形式

在《饥荒》中仅有9例，《爸》中仅有12例采用单一形式，即光杆形式，均只占及物谓词关系小句的2.3%。提取的论元几乎都为直接宾语DO，如：

(76) 开列t的项目越多，他就越得意，也越害怕。(《饥荒》p. 229)

(77) 马林生坐正，把剩下t的烟蒂掐灭，他的脸由于低头去掸烟灰有些涨红。(《爸》p. 57)

(78) 他拍打着缴获t的图书大声呵斥儿子……(《爸》p. 192)

在两个语料库中均只有一例提取施事A的例子：

(79) 因为t竞争的人太多，日本人索性裁撤了这个机关，而改由军部直接管理花姑娘的事。(《饥荒》p. 92)

(80) 他站在t喷泻的莲蓬头下面低头任水冲刷……(《爸》p. 140)

在汉语中，施事往往起着话题链的作用，很容易通过上下文找回，而受事往往起着推动情节发展的作用，提供新信息，往往不能省略，所以在单个及物动词构成的关系化结构中提取的往往是直接宾语，施事通过上下文省略了。

2) 复杂形式的构成

a. 添加论元

(81) 日本人忙起来，把晓荷与瑞丰囚起之后，马上把瑞丰提

到t的那些特务，一齐圈入暗室，听候审讯。(《饥荒》p. 49)

(82) 他第一个想到的原因是儿子是母亲留下t的坐探，意在监视他。(《爸》p. 16)

例(81)和例(82)都是论元齐全的及物动词构成的关系从句，两者在语义上稍有所不同，例(81)主语“瑞丰”不出现的话，就会出现指代不清的情况，“瑞丰”必须出现，例(82)主语“母亲”可以不出现，通过上下文可以明确其支配对象，所以及物动词的论元在一定的情况下是可以省略的。

b. 带体标记。在《饥荒》中带体标记共48例，在《爸》中带体标记共80例，如：

(83) 他觉得自己是在用虚伪的态度来对待这个t毫无保留爱着他的人，这使他既厌恶自己的理智也厌恶自己的眼泪。(《爸》p. 276)

(84) 另外，一个女人对一个t才认识了没两分钟的男人就立刻把自己的一切和盘托出，这也太不稳重了。(《爸》p. 133)

(85) 战争最大的教训，就是教那些t从来没有杀过人的人去杀人。(《饥荒》p. 261)

c. 加状语，如加上时间或地点状语，如：

(86) “干吗?”t正在桌前点一沓钞票的马林生站起来，把钞票掖裤兜里，“我还有两小时才走。你能借我点钱么凑个整?”(《爸》p. 231)

(87) 儿子从小到大所经受t的暴力袭击，除了一小部分发生在同伴之间，最悲惨最屈辱的几乎全来自他这个父亲。(《爸》p. 16)

d. 带补语

(88) 他看到儿子挂t在门后的一件夹克衫，三步并作两步，

赶过去伸手就往兜里掏。(《爸》p. 183)

e. 不能重叠

方梅(2004)、刘丹青(2005a)都注意到动词简单重叠式分别不能进入北京话和苏州话的关系从句。唐正大(2005)认为简单重叠式无法表达一个命题,与关系从句的定义相矛盾。简单重叠式所表现的说话者导向型情态(SOM)无法进入关系从句。

在语义结构方面,及物谓语既可以表达属性谓语也可以表达事件谓语,如:

(89) t扫大街的清洁工发了清一色的猩红新衣,终日活跃在街头,把马路擦得贼亮一尘不染。(《爸》p. 94)

(90) 四壁上挂着日本的彩印版画,桌上摆着日本人所喜爱t的奇形异状的盆景。(《饥荒》p. 103)

(91) 马林生推开病房门,首先看到的是t哭红了眼的前妻与岳母,然后才看到了躺在病床上的马锐。(《爸》p. 256)

例(89)和例(90)没有明确的时体标记,是属性谓语;例(91)是事件谓语,是与特定时空相联系的某个事件。

在与指数量成分的相对位置上,主要构成 DQC-M-N 的语序,小部分构成 M-DQC-N,《饥荒》中分别为 93 例和 23 例,《爸》中为 190 例和 29 例,指数量成分后置的全部为复杂形式的及物动词,核心名词既有无定形式也有有定形式,如:

(92) 马林生正透过桌对面横放t的**一面**大壁镜欣赏着自己。(《爸》p. 12)

(93) 他们已不是成家立业的老英雄,而是没有人喂养t的**两条**老狗。(《饥荒》p. 72)

(94) 瑞丰很想掩护t告诉他招弟的地址的**那位**特务,可是两个嘴巴打在他的干脸上,他吐了实话。(《饥荒》p. 48)

(95) 日本人听不懂她用t的**那些**字眼儿,光知道冲她傻笑。(《饥荒》p. 258)

5.4　汉语关系小句的论元分布

5.4.1　省略式和完整式

由于关系化操作必须提取一个必有论元，所以形容词和不及物动词都不存在论元省略的情况，只有及物动词才有可能省略其中的一个论元，接下来我们将考察及物动词在构成关系小句时论元的分布情况。

表 5.5　及物动词的论元分布情况

语料来源	论元类型	数量	比例
《饥荒》	完整式	288	75%
	省略式	96	25%
	合计	384	100%
《爸》	完整式	388	74%
	省略式	138	26%
	合计	526	100%

表 5.5 显示的结果表明，《饥荒》和《爸》有着非常相似的分布情况，近四分之三的及物动词在关系小句中采用完整式，不存在论元残缺的情况，只有四分之一的及物动词会出现省略一个论元的情况。

5.4.2　语法角色的省略 A vs. O

在实际的语料中，大约四分之一的及物动词会出现省略一个论元的情况，那么最常省略的论元是何种语法角色？是否存在一定的倾向性。及物动词所带的核心论元，即施事 A 和受事 O，我们逐一对《饥荒》和《爸》中的省略式进行考察，发现了一个有趣的现象，在两个语料库中 A 为隐性论元的情况非常普遍，而省略 O

的情况却很少见，即 O 获得显性论元的机会远远大于 A. 详见表 5.6：

表 5.6　及物动词中 A 和 O 的显性论元形式

语料来源	论元角色	数量	比例
《饥荒》	A	6	6.2%
	O	90	93.8%
	合计	96	100%
《爸》	A	7	5.1%
	O	131	94.9%
	合计	138	100%

5.5　语篇解释

从绝对数量来看，《饥荒》中形容词关系从句要高于及物动词关系从句，而《爸》中及物动词关系从句要稍高于形容词关系从句，这说明在叙事语体中，形容词关系从句和及物动词关系从句具有同等重要的表达功能。

形容词关系从句主要起描写的功能，突出核心名词的属性或特征，帮助读者建立起相关事物的具体形象；而及物动词也有描写的功能，但还具备识别的功能，帮助读者明确所指，进行相关事物的定位，在叙事语体中描写功能和识别功能共同推动事件的发展。

其次，依据谓词复杂程度来判定关系从句典型性和非典型，在叙事语体中很明显存在以下的数量等级分布：

及物动词〉形容词〉不及物动词

及物动词构成典型关系从句的数量要多于形容词和不及物

动词，及物动词很少采用单一形式，形容词的绝对数量很大，但是复杂形式的形容词只占到一半，但数量仍然超过不及物动词，不及物动词数量是最少的。所以目前心理语言学和神经语言学采用的语料大都是及物动词构成的关系从句，因为从实际的语料调查来看，及物动词构成的关系从句是关系从句的典型成员。

最后，从及物动词的论元分布情况来看，汉语关系从句中省略论元的及物动词只占到四分之一，完整式占到四分之三，所以及物动词构成的关系小句无论在总体数量上，还是句法形式和论元分布上，都构成关系从句的典型成员。从论元省略的类型来看，存在 A 为隐性论元，O 为显性论元的强烈倾向。廖秋忠(1984)提出从篇章的层面，从语义即认知的角度来理解句中动词支配成分从缺的现象。基于从缺的支配成分可以找回或者不影响读者的理解，可以确定这是交际及认知上的需要，也可能是受到了篇章结构以及文体的制约。在及物动词两个必有论元中，论元 A 往往是指人名词，具有较高的话题性，容易省略。在我们的语料中，论元 A 的确大多表现为指人的名词，可以从上下文中或者背景知识中找回，所以往往可以省略，而论元 O 往往是指物的名词，负载新信息，不可以省略，所以造成论元 O 较之论元 A 更易成为显性论元。

5.6　小结

本章旨在探讨汉语关系从句的范围问题，从谓词类型入手，我们把及物动词、不及物动词和形容词都作为关系从句的合法成员，从句法形式、语义表达以及论元分布等角度进行比较，发现在总数上及物动词和形容词不相上下，不及物动词数量最少；在句法形式方面，及物动词最少采用单一形式，不及物动词较少采用单一形式，近一半的形容词采用单一形式；在语义表达方面，我们认为形容词是属性谓语，而及物动词和不及物动词兼有属性谓语和事件谓语的表达特征；在论元分布方面，及物动词倾向于完整式，论元O较之论元A更易成为显性论元。基于真实语料的调查，及物动词构成的关系从句的确是汉语关系从句的最典型成员。本章为全面讨论汉语关系从句的范围问题提供了相关事实依据。

第六章 汉语关系从句的指称类型与语篇功能

6.0 引言

这里的指称(reference)是指被关系化的名词短语即核心名词的指称性质。目前已有的研究主要围绕核心名词的有定性(definite)来讨论关系从句的功能与分布,如 Fox & Thompson(1990)认为有定性因素是影响关系从句语篇功能的因素之一,有定核心名词很少构成不及物主语关系从句(S-RC)。仅有的几篇讨论汉语关系从句语篇功能的文献,如 Pu(2007)、Ming(2009)也大都遵循 Fox & Thompson 的观点从有定性的角度来考察汉语关系从句的相关现象。

我们认为有定性因素能较好地解释英语关系从句的有关现象,详见 Fox & Thompson(1990)的研究成果,因为英语存在有定和无定(indefinite)冠词系统,采用句法形式标准来区分名词性短语的有定和无定比较清晰,形态标记和语义区分基本上是对应的[①],所以在讨论英语关系从句时多采用有定和无定的分类标准,

① 英语的有定无定范畴的对立也存在一定的问题,Du Bois(1980)指出在英语中 the 和 a 只有在所指具体(referntial-specific)的情况下才能有效区分有定无定,在表类指的情况时,the 和 a 的对立并不充分。

如 Keenan & Comrie(1977)只讨论有定核心名词构成的限制性关系从句。Givón(1993)持相同观点,认为有定关系从句是关系从句的原型。而汉语不同于英语,没有有定无定冠词系统,难以构建有定无定范畴的对立。刘丹青(2012)指出在汉语中,指示词用于有定的名词性短语,但是,指示词的主要功能是直指、示踪、回指等,有定是其伴随特征,而且与有定相对的无定也没有统一的形式标记,因此难以建立有定无定的系统性范畴。当我们参照英语的有定无定区分标准,如是否出现指示词"这"、"那",是否出现领属关系,来确定汉语的有定性问题时,就会出现句法和语义错位的现象,如:

(1) 这女人全是死心眼。[①]

(2) 你那孙子装得可够匀实的。

(3) 王大鹏家的狗很多。

(4) 我扔掉了几本小王的书。

例(1)和例(2)代表了当代北京口语中"这"、"那"不同于有定标志的用法。例(1)中的"女人"不是有定的,"这女人"也不是回指形式,这里指所有的女人,"这"起着类指(generic)的作用。而例(2)"你那孙子"中"孙子"也不是有定的,而是无指(nonreferential)的,"你那孙子装得可够匀实的"可以变换成"你装孙子装得可够匀实的","那"这里起无指的作用。例(3)"王大鹏家的狗"和例(4)"小王的书"是领属结构,似乎是有定的,但是"有定的领属定语不一定保证整个名词性短语就是有定的"(刘丹青 2002: 413)。在例(3)中"王大鹏家的狗"就排斥有定指示词,如"*王大鹏家的那些狗很多",所以"王大鹏家的狗"只能作为一个类,是"狗"这个大集合中的一个小子集。而例(4)中"小王的

① 例(1)和例(2)摘自方梅、张伯江(1995: 149,150),有删减;例(3)摘自刘丹青(2002: 413),例(4)为自拟的例句,本书中没有交代来源的例句均为自拟的例句。

书”则是无定的，可以加数量词“几本”来修饰。

可见，在汉语中，如果对有定和无定的界定采用句法（形态）标准，语义上是否有定就无法顾及了；如对有定和无定的界定采用语义标准，则无法找到统一的形式标记，使得语义标准更加缺乏实际的操作性，汉语不同于英语难以构建有定无定范畴的对立。采用有定无定范畴来研究汉语关系从句会制约汉语关系从句的深入分析，如 Pu(2007)和 Ming(2009)就有定性因素对汉语关系从句的研究并没有得出像英语关系从句那样比较系统有价值的结论，我们认为关键的原因就是汉语有定无定范畴本身就存在模糊性，用一对在该语言系统中本身不显著区分的概念来进一步研究其他的语言现象，当然会影响研究的结果。刘丹青(2012)指出汉语名词性短语显著存在的不是有定和无定的范畴对立，而是单指(individual)和类指的范畴对立。而且关系从句核心名词除了有定和无定范畴的对立之外，还有无指的指称形式(Givón 1993)，对这一实际存在的指称形式，很少有人涉及。Li(2000)发现核心名词的有指和无指会影响数量词的语篇功能，有指核心名词在语篇中表示具体的参与者或实体，数量词起强调参与者或实体的作用，而无指核心名词其所指不是具体的实体，数量词突出核心名词的特征或者突出整个所指的类别。Pu(2008)讨论复杂名词性短语(CNPs)中量词的语用功能，也注意到核心名词的有指无指影响量词的功能。目前还未见到专文对汉语无指关系从句的研究。

本章将系统全面地讨论汉语关系从句的指称类型，首先明确基本概念，对有指无指、类指单指进行界定，并讨论类指单指与有定无定的区别与联系，尽可能划清不同指称义的界限，建立起相应的指称系统；然后采用老舍的《饥荒》为语料，讨论汉语关系从句核心名词的指称性质，将汉语关系从句分为有指关系从句和无指关系从句，有指关系从句又分为类指关系从句和单指关系从句;在此基础上,揭示不同类型的汉语关系从句在语义属性和语篇功能方面的差异性,并结合语义和语篇功能来进一步解释相应的句法现象。

6.1 基本概念的界定

6.1.1 有指和无指

指称是哲学界和语言学界共同关注的问题,古往今来一直处于深入的讨论和激烈的争辩之中。我们赞同功能学派的观点,"指称(reference)反映的是语言和真实世界的关系,也就是语言中的词与实际所指对象之间的关系"(张谊生 2003:175)。王红旗(2007)区分语义指称和语用指称,认为语义指称是语用指称的基础。我们认为任何指称都离不开具体的语境,"讨论和研究指称必须在一个特定的话语环境之中,必须在话语层面上或者说在特定的交际场合下,研究具体话语中某个体词性词语同具体事物之间的语义联系"(张谊生 2003:175)。从这个角度来看,语用指称才是语义指称的基础。我们对指称的理解是基于语用指称的,或称之为话语指称(discourse reference),关注语篇中名词性成分与话语实体(entity)的关系。

陈平(1987:81)指出如果语篇中的名词性成分的表现对象是话语中的某个实体,该名词性成分为有指(referential)成分,反之,则称之为无指成分。其举例如下:

(5) 去年八月,他在新雅餐厅当临时工时,结识了一位顾客。(同上:81)

陈认为这里有四个名词性成分"他"、"新雅餐厅"、"临时工"和"一位顾客",其中"他"、"新雅餐厅"和"一位顾客"都是有指的,都是语境中的实体;而"临时工"这一名词性成分则与其他三个成分不同,"它在这儿表示一种身份,不是一个实体,不能把这个名词同语境中的某个具体的人等同起来”(同上：81)。也就是说，“发话人在提到‘临时工’这个名词时，着眼点是该名词的抽象属性，而不是语境中具有这种属性的某个具体人物，‘临时工’在这儿是无指成分”(同上)。

陈平还进一步指出判断一个名词性成分是有指还是无指，有一个简洁的方法：有指成分可以用种种方式加以回指(anaphoric reference)，而无指成分则无法回指，因为无指成分不代表语境中的任何实体，自然无法加以回指。

Du Bois(1980)对有定和无定的界定更加强调语篇层面的延续性这一重要区别性特征。Du Bois 指出一个名词性成分作为一个实体来使用，而且具有一定时间的身份延续性，那么这个名词性成分就是有指的，反之，无指名词性成分与前文是否出现过相应的名词性成分无关，对单复数的语义差异没有反应。其分别举例如下：

(6) and a boy comes by riding a bicycle, ... And he sees the pears, ... and he stops.

(7) Mary's a forester. She's been a forester for three years now.

(8) Can you swim a mile? When you can swim a mile you'll be ready for the trip.

在例(6)中所有的名词性成分 a boy、a bicycle、he 和 the pears 都是有指的，a boy、a bicycle 都是指语境中某一新出现的实体，he、the pears 用于回指已经出现过的实体。Du Bois 指出任何作为有指成分使用的名词性成分都可以被回指，当然，并不是总有这样的机会。而无指成分正好相反，如例(7)和例(8)中 a forester 和 a mile 都是无指的，虽然在第一个小句出现了 a forester 和 a mile，第二个小句再次提及时，仍然采用相同的形式，这里的 a 并不是无定的标志。

综合 Du Bois 和陈平的观点，我们认为如果一个名词性成分与话语中的某个实体相联系，并且可以被回指，那么它就是有指成分；如果一个名词性成分不是指话语中的某个实体，而只是突出该实体的内涵，在语篇中不能被回指，那么它就是无指成分。

6.1.2 类指和单指

刘丹青(2002：411－412)从语义和句法属性的角度对类指成分进行界定，认为类指的核心语义是非个体性，即[一个体]；类指像无指一样着重内涵而不着重外延，但是类指可以通过添加指称成分凸显外延，从而区别于无指；类指相对的谓语为属性谓语而非事件谓语；并提出测试类指属性的句法框架，用谓语"多、少、丰富、稀少"等作为测试类指主语的谓语框架。

刘丹青强调无法指望在一篇论文中达至一个有关汉语类指成分的充分的结论，可见类指等指称问题的复杂性。本章涉及多个指称概念，我们也只希望提出一些初步的看法，便于开展相关研究。接下来我们将在刘丹青(2002)对类指义界定的基础上进一步明确相关的涵义。

我们非常同意类指义的核心语义是非个体性，这是类指与单指的语义区别所在，但必须明确类指的范围，是指某个类型成员的全部或者部分，即类指可以指整个集合或者指集合中的子集，从类指所指范围的角度，类指着重外延。值得注意的是刘丹青(2002)所讨论的是主语/话题位置上类指的句法语义属性，是该术语最原型的理解，如果考虑其他句法位置，类指存在各种变体，存在从典型到非典型的成员。其实，主语/话题位置上的类指内部也不是那么单纯的，也存在变体，如 Li(1997)按照谓词类型来刻画类指内部的种种小类(以下例子转引自 Kuo 2008，笔者增加了相应的中文句子)：

a. 类指谓语(Kind predicate)

(9) Konglung jueji le.

恐龙绝迹了。

这里"恐龙"表示类指，恐龙这一集合中的所有成员都已经死了符合该句的语义真值，没有例外。只要存在一只活的恐龙就能否定该句所表达的命题。例(9)"恐龙"这种类指是最典型的类指类型，即表达全量。

b. 词汇类指(Lexical generic)

(10) Shu dui renlei hen youyong.

书对人类很有用。

例(10)中的"书"同样表示类指，因为谓语"对人类很有用"是属性谓语，表示"书"永恒的普遍的特性，但是与例(9)不同的是，例(10)可以有例外情况，有一些书是无用之书，甚至是危害身心健康的不良书籍。虽然允许有例外情况，但是"绝大部分书对人类是有用的"这一事实符合该句子表达的命题，使得该命题为真。例(10)"书"这种类指是部分类指。

c. 表示习惯的谓语(Habitual)

(11) Ma chi chao.

马吃草。

例(11)中采用一般现在时，表示"马"普遍存在的特性，但是不排除个别马不吃草的可能，但是其概率非常低，这里的"马"可以看作表达全量。

d. 带经历态的非状态事件句(Episodic non-stative sentences with the experiential aspect)

(12) Renlei dao-guo yueqiu.

人类到过月球。

(13) Zhungguo ren faming le zhi.

中国人发明了纸。

经历态同样具有属性谓语的特征，带有经历态的谓语是属性谓语。例(12)和例(13)中"人类"和"中国人"表示类指，但和前面 a-c 的例句存在很明显的不同之处：例(12)实际上只有一个属于“人类”的成员符合“到过月球”的特征，例(13)同样是属于“中国人”的某一个成员发明了纸，虽然只是“人类”、“中国人”中的某一成员符合谓语所描述的特征，但它们仍然被赋予类指义。

Li(1997)讨论的对象是主语/话题位置上的类指，但通过属性谓语的不同小类即使是主语/话题位置上的类指也存在一定的差异，存在典型和非典型的差异：表示全量指称的类指是最典型的类指，也就是刘丹青(2002)主要考察的对象，其特点为不能容忍反例(徐盛桓 2010)；表示部分指称的类指是非典型的，其特点是容忍反例；甚至还包括例(12)和例(13)采用个体所属的类别构成的类指。

与类指相对的单指则强调个体，区分类指和单指关键在于谓语的属性，如同样是光杆名词做主语，例(14)和例(15)具有不同指称义：

(14) 猫吃老鼠。

(15) 猫吃了老鼠。

例(14)中“猫”带属性谓语，表示恒常的行为特征，“猫”为类指；而例(15)中的谓语带有时体标记“了”，为事件谓语，“猫”是指语境中某只特定的猫，是单指。单指的语义特征是强调个体，但个体的数量可以是一个也可以是多个，如：

(16) 三个男孩纷纷跑上前去。

例(16)中“三个男孩”虽然是多数，其谓语强调每个男孩的行为特征“跑上前去”，所以类指强调是集合中的全部成员或者部分成员某一共同的属性，而单指则强调成员的个体性的特征。

我们同意刘丹青(2002)的观点，在指称系统中，类指和单指不是与其他指称义如有定、无定等在同一个标准下划分出来的，有时与其他指称义存在一定的交叉与纠葛(刘丹青 2002：411)。

我们认为类指和单指与有定和无定就存在一定的区别与联系[①]。Du Bois(1980)指出在英语中，类指可以采取有定形式也可以采取无定形式，单指更加明确地具有有定和无定两种形式。汉语也有类似的情况，除了光杆名词表示类指以外，刘丹青(2002)把类指成分分成带有定标记和无定标记两类，如：

(17) 一个学生就应该好好学习。

(18) 这种鸟比较少见。

例(17)就是带无定标记的类指成分，表示周遍义，即所有的学生就应该好好学习；例(18)采用有定标记“这”，指某一种鸟类。

在明确了有指和无指、类指和单指等概念的基础上，我们可以建立起相应的指称系统，如图 6.1 所示：

- NP
  - 有指
    - 类指
    - 单指
  - 无指

图 6.1　汉语名词性短语的指称系统

这与董秀芳(2010)的指称分类系统比较接近，但是董秀芳把定指(有定)和不定指(无定)作为单指的下位类别，我们则认为类指和单指都可以采用有定和无定形式。明确指称系统和相应层级的指称概念有助于我们对汉语关系从句的指称类型以及语篇功能进行全面而深入的分析。

6.2　汉语关系从句的指称类型

6.2.1　核心名词的指称类型分析

从形式上看，汉语关系从句的核心名词多为光杆形式，其次

① 这里的有定和无定是指形式上的界定，除了特别注明之外，本章提及有定和无定均指形式上的标记。

是受到指数量成分(DQC)的修饰,以指数量成分居于关系小句之前为主,构成指数量成分远离核心名词的分离形式,具体统计结果见表6.1：

表6.1　核心名词的句法表现形式

类型／数量	光杆形式	DQC+RC+NP	RC+DQC+NP	其他	总计
核心名词的句法表现	603 (61.2%)	346 (35.1%)	34 (3.4%)	3 (0.3%)	986 (100%)

以上统计结果表明,仅仅从汉语关系从句核心名词本身很难判断其指称性质。虽然光杆NP主要表示类指,但是其分布在不同的句法位置,不同的谓语类型,以及结合不同的语境,并不能保证其类指义的表达。Cheng & Sybesma(1999)就指出在谓语动词之后,汉语光杆名词可以表达有定、无定以及类指,在谓语动词之前,汉语光杆名词可以表达有定和类指,但不能表达无定,所以光杆名词在具体的语境中其所指是多样的,其表达类指的本质功能会被抑制。同样指数量成分也不能完全保证核心名词的指称性质,如前所述"这"、"那"并一定总是定指的,其他数量标记也具有不同的指称功能,如"一个"也并不总是单指的,如:"抓住狱房的铁栏杆,她拚命的摇晃,象一个发了狂的大母猩猩。"和"一开门,她看见了一个象刚由蒸锅里拿出来的大馒头。"这两句中的"一个"都不是单指,而是无指。

我们的做法是结合关系小句以及主句谓语来判断汉语关系从句核心名词的指称性质。如以下各例同为光杆名词的"人",其指称义却有所不同:

(19) 李四爷的丧事办得挺象那么一回事,t来的人很多。(p. 242)[①]

① 文中注明页码的用例全部来自《饥荒》。

(20) 白巡长不喜欢丁约翰那副洋派头，不过找不到t合适的人，只好点了头。(p. 244)

(21) 一斜眼，他看明白了t跟着他的人，高第！(p. 30)

例(19)中的“人”表示类指，其主句谓语是典型的属性谓语“很多”，这类属性谓语只允许类指义的NP作主语(刘丹青2002)；例(20)中的“人”处于否定结构中，强调“人”的内涵义，语境并不存在某个特定的人，是无指的；例(21)中“人”是单指的，作“看”的宾语。Chierchia(1995)指出属性谓语不能出现在感知类动词的补足小句中，“看”这类动词后面的名词性成分强调的是其个体性，这里的“人”是单指的。

我们结合关系小句及主句谓语来分析汉语关系从句核心名词的指称类型，把核心名词分成无指、类指和单指三种类型，这三种类型的划分是穷尽性的，不存在交叉划分的问题，然后再来考察这三种关系从句在语义、功能和句法属性上的差异。

6.2.2　无指关系从句

无指关系从句即核心名词表达的不是语境中的某个实体，而是强调该实体的内涵义，在语篇中不能被回指。在《饥荒》中，无指关系从句主要有以下几种类型：

a. 用于比况结构，主句谓语多为“像”“变成”“当作”“是”等，例如：

(22) 抓住狱房的铁栏杆，她拚命的摇晃，像一个t发了狂的大母猩猩。(p. 13)

(23) 妞子是她身上掉下来t的肉，她恨不得再和小女儿合为一体。(p. 285)

b. 用于否定结构，刘丹青(2002：420)提出否定辖域内的受事要么是有定的(没见到老王/没碰着那个人)，要么是类指的(没钓到鱼)。但我们认为“没钓到鱼”是无指的，陈平(1987)也指出否定结构中在否定成分管界内的成分是无指的，如：

(24) 他浑身上下没有任何 t 带字的东西。(p. 164)

(25) 他已不是个 t 体面干净的理发匠,而是一个游魂!(p. 118)

c. 用于表语,表示属性、身份等,例如:

(26) 老人想了半天,才猜到一定是肥田用 t 的豆饼渣滓。(p. 238)

(27) 李四爷不过是 t 小小的里长,有什么力量能救出方六呢?(p. 152)

d. 用于非现实的命题,如:

(28) 她决定要在车站上作出几件 t 出手的事来,以便快快的高升一步,好能穿上漂亮的衣服,抹上口红,把浪漫与杀人联系到一处。(p. 46)

(29) 他对这倒无所谓,因为日本大夫和护士都告诉过他,要是上日本去,做 t 的官还要大,他们的话还能不信?(p. 276)

6.2.3 类指关系从句

类指关系从句即核心名词是指某一类实体,强调这一类实体的某一共同属性。如:

(30) 他讨厌这种 t 鬼鬼祟祟的 t 变戏法的人。(p. 167)

(31) t 信教的人相信罪是可以赎的,这能使人改恶从善;而蓝东阳可是死心塌地,不可救药了。(p. 228)

(32) t 没得过李家好处的人,知道四爷是个实诚人,都赶来磕了三个头。(p. 242)

以上三例关系从句中的核心名词均为"人",从不同的角度对"人"进行分类,例(30)强调"变戏法的人",例(31)强调"信教的人",例(32)强调"没得过李家好处的人"突出不同的属性,从而对"人"这一大类进行划分。

6.2.4　单指关系从句

单指关系从句即核心名词是指某一类中的个体，强调个体的特性。如：

(33) 进到屋中，晓荷看了看四角皆空的屋子，又看了看 t 没有梳妆洗脸的女儿，他干咽了几口。(p.8)

(34) 又过了一会，里面的门吱的响了一声，出来个 t 又高又瘦的人，口中正嚼着一口什么东西。(p.187)

(35) 瑞全装傻充楞的也跟着看，看见了好几个他熟识 t 的人。(p.166)

单指关系从句强调个体性，但在数量上并不限于一个，如例(33)和例(34)符合关系从句描述的对象只有一个人，例(33)中的"女儿"是指冠晓荷的二女儿高第，例(34)中"又高又瘦的人"是指鞋铺的掌柜，例(35)虽然强调的也是个体性，但是数量上是多数，并带有数量标记"几个"。

6.2.5　在叙事语体中的分布

以上三类关系从句在《饥荒》中的分布情况，见表 6.2：

表 6.2　汉语关系从句的指称类型分布

类型	数量	比例
无指关系从句	300	30.4%
类指关系从句	162	16.4%
单指关系从句	524	53.1%
合计	986	100%

可见，汉语关系从句的指称类型分布中，单指关系从句数量最多，其次是无指关系从句，而类指关系从句数量最少，接下来我们将讨论这三类关系从句的语篇功能，尝试从语篇功能以及语义特征的角度来进一步解释这三类关系从句在主句中的分布以及

所带指数量标记成分的对立情况。

6.3 语篇功能

6.3.1 叙述功能和描写功能

Du Bois(1980)提出叙述语体中的两种语篇模式(Discourse Modes)：叙述模式(descriptive mode)和描写模式(narrative mode)。在叙述语篇中,不同的小句对于推进故事进程起着不同程度的作用,如在以下例子中,第一句和最后一句起着推进故事进程的作用,而第二句不是：

(36) he comes across another ... bicyclist ... bicyclist; it's a young woman ... and ... for some reason she catches his attention,(Speaker 5,Du Bois 1980：227)

Du Bois 指出推进故事进程的句子称之为叙述模式,如例(36)中的第一句和第三句。而第二个句子 it's a young woman,不起推进故事的作用,而是起着分类、描写着装、表明关系等,称之为描写模式。

在英语中,出现在描写模式中的动词主要是 be、have、look like、wear、have on、be dressed in 和 with 等,而叙述模式中的动词不仅包括实义动词,如 pick、fall、scatter,还包括抽象动词,如 fulfill、grow、ponder。叙述模式和描写模式共同构成语篇模式。

我们认为叙述模式和描写模式是组成语篇的两种模式,叙述模式主要起叙述功能,推动故事进程,是语篇发展的主线,而描写模式主要起描写功能,交代相关的信息,是语篇发展的辅线。从语篇的叙述功能和描写功能来观察汉语关系从句的指称类型,就会发现不同指称类型的关系从句具有不同的语篇功能：几乎所有的无指关系从句起描写功能;类指关系从句起描写功能和叙述功能,以描写功能为主;单指关系从句起描写功能和叙述功能,以叙述功能为主。

无指关系从句起描写功能，表现在主句谓语形式上，主句谓语多为“像”“变成”“当作”“是”等，大都为比况结构，如例(22)、例(23)，例(22)描写人物的具体形象，例(23)形象地说明母亲和女儿之间的相互关系。

类指关系从句，主要起描写的功能，如例(30)、例(31)，其主句谓语为“讨厌”、“相信”，均为表示属性的谓语，提供有关“他”、“信教的人”恒常性的特点；也可以起叙述功能，如例(32)，例(32)所属的段落，有一系列类指关系从句表示叙述功能的用法，摘录如下：

(37) 虽说四大妈拿不出东西款待t来吊丧的人，守灵、出殡还是按规矩办了。t没得过李家好处的人，知道四爷是个实诚人，都赶来磕了三个头。得过他好处的，哭得特别伤心，斟酒浇奠一番。那t得过他的好处又时常骂他的人，也跑来哭灵，借机倾诉一下心里的烦恼与不幸，骂自己对老人不够公道。(p. 242)

单指关系从句，叙述功能是其主要功能，如例(33)—例(35)，但也能用于描写模式中，如：

(38) 没有可撕拉的了，她开始扯自己的头发，那不知曾经费过多少时间与金钱烫卷t的头发。(p. 17)

例(38)中通过领属结构把“头发”引入语篇，然后采用描写模式“那不知曾经费过多少时间与金钱烫卷的头发”，提供有关“头发”的信息，从叙述模式转到描写模式。

我们按照叙述模式和描写模式的特征，对《饥荒》中的关系从句的语篇功能进行统计，发现几乎所有的无指关系从句起描写功能，类指和单指关系从句起描写和叙述功能，前者以描写功能为主，后者以叙述功能为主，详见表6.3：

表 6.3　汉语关系从句指称类型的语篇功能分布

类型 功能	无指关系从句	类指关系从句	单指关系从句	合计
叙述功能	50(11.3%) (16.7%)	69(15.7%) (42.6%)	322(73.0%) (61.5%)	441(100%) (44.7%)
描写功能	250(45.9%) (83.3%)	93(17.1%) (57.4%)	202(37.0%) (38.5%)	545(100%) (55.3%)
合计	300 (100%)	162 (100%)	524 (100%)	986 (100%)

从表 6.3,可见无指、类指和单指关系从句在语篇功能方面具有不同的倾向性。正如下面图 6.2 所示,无指关系从句倾向于表达描写功能,而单指关系从句倾向于表达叙述功能,而类指关系从句则处于中间状态,但更靠近描写功能。

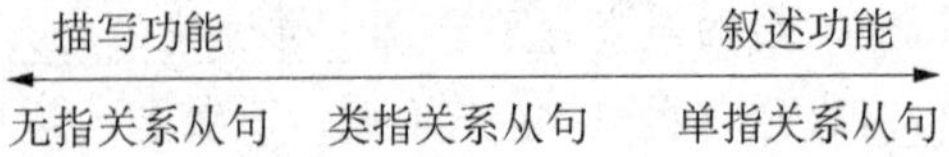

图 6.2:汉语关系从句指称类型的语篇功能

6.3.2　前景功能和后景功能

前景和后景是篇章分析两个常用的概念,在分析叙事语体时常被提及。这对概念与叙述、描写功能是密切联系的,但并不完全对应。从内容上看,前景主要交代事件的进展,全部体现为叙述功能,而后景则是为事件的发展提供相关信息,全部为描写功能,反之则并不对应,即具有叙述功能的句子在语篇中并不一定构成前景(Thompson 1987),如:

(39) 当我走进教室,尼姆想跳到我手臂里。(汉译例句,原句参见 Thompson 1987: 448)

例(39)中首先是"我走进教室",然后"尼姆想跳到我手臂里",是两个具有时间先后顺序的事件,但是"我走进教室"被冠以介词“当”(英语原句中为 when),构成形式上的降级结构,充当第二个事件“尼姆想跳到我手臂里”的后景。

目前对前后景的定义并没有一个明确的标准。Hopper & Thompson(1980)认为前后景对应一系列的句法语义因素,从及物性的角度来考察前后景的区别,前景对应一系列高及物性特征,而后景对应一系列低及物性特征。屈承熹(2006b)从语用关系为基础来讨论前后景配置,即事件线索、情景设置以及权重降低,并认为汉语关系从句前置的结构特点限制了汉语关系从句只能表达后景,不能表示前景。方梅(2008)认为汉语描写性关系从句的核心功能就是提供背景性的新信息,描写性关系从句是一种背景化的手段。

关于汉语关系从句的前后景功能,屈承熹(2006b)明确表明,汉语关系从句只具有后景功能,但是关系从句的位置因素与其提出的三个语用因素并没有对应关系,如果从其提出的三个语用因素来考察汉语关系从句的前后景功能,汉语关系从句完全可以起前景功能。因为关系从句虽然属于从属结构,权重降低,但是否起前景的作用需要在具体的语篇中进行考察,所以这三个语用因素对汉语关系从句而言,有两个因素不确定,通过具体的语境才能确定。我们认为汉语关系从句,除了表达后景功能之外,也可以表达前景功能。方梅(2008: 296 - 297)指出描写性关系从句是一种背景化的手段,限制性关系从句可以提供背景信息,但对于限制性关系从句是否能表达前景功能并没有明确的说明。

我们认为汉语关系从句的指称类型影响前后景功能的表达。考虑目前关于前后景并没有一个严格的形式标准,本书采用语义标准来定义前后景功能。前景是指在叙事语篇中,用以传达事件的主线或主干信息,主要用来直接描述事件的进展,从而构成事件主线,回答“发生了什么”此类问题。而后景所表达的信息是围绕事件的主干进行铺排、衬托或评价，主要传达非连续的信息（如事件的场景，相关因素等等），用以回答“为什么”或“怎么样”发生此类问题（李挺 2010：14）。具有描写功能的关系从句在语篇中只能表现为后景，而具有叙述功能的关系从句在语篇中是否表现为前景，还要结合具体的语篇进行考察。在《饥荒》中，我们发现具有叙述功能的关系从句（共 441 例）中表现为前景的仅为 245 例（占 55.6%），其中单指关系从句表现为前景的比例最高（198 例，80.8%），远高于类指（27 例，11.0%）和无指关系从句（20 例，8.2%）。

单指关系从句表达前景功能，这与单指关系从句的语义特征联系密切，单指核心名词强调个体性，推动叙事语体事件发展的主要就是个体性的人或事，而且单指关系从句主要起叙述的功能，这两个因素决定了单指关系从句较多出现在事件发展的主线上，表达前景信息，如：

（40）他去敲寿衣铺的门。不管是除夕，还是元旦，人间总有死亡；寿衣铺不会因过年而拒绝交易。他买了件给死鬼穿的棉袍。他笑了。好，活人穿死人的衣服，就也算不怕死的一点表示吧。（p.162）

例（40）叙述“瑞全”在除夕，进入西安古城的一系列举动，事件的主线由第一句、第三句和第四句构成。单指关系从句“给死鬼穿的棉袍”起叙述功能，构成独立的小句，表达事件的进展，构成前景；而第二句和第五句起描写的功能，构成后景。

在前后景功能方面，起描写功能的关系从句以及近一半的起叙述功能的关系从句即绝大部分关系从句构成后景，前景主要由单指关系从句构成。正如 Thompson（1987）说的那样，叙事语体中按照时间序列发生的事件也并不总是编码为独立小句，有时会编码成从属结构，这样的表达方式增强语篇的可读性。前景构成语篇的主干，是语篇最重要的信息，后景提供相关信息，使得语篇信息更加丰富，正是大量的后景信息增强了语篇的可读性。

6.4　句法表现的语义功能解释

6.4.1　在主句中的分布

我们详细考察了无指、类指和单指关系从句在主句中的分布情况，除了构成独立小句以外，包括核心名词在主句中的六类语法成分，即主语（SU）、宾语（DO）、介词宾语（PPO）、系动词宾语（PN）、领属者（GEN），以及其他类型，具体参见 Fox & Thompson(1990)。选取其中分布较广的三个语法成分，统计如下：

表 6.4　汉语关系从句的指称类型在主句中的分布情况

类型	SU	DO	PN	合计
无指关系从句	8	158	105	271
类指关系从句	43	67	9	119
单指关系从句	106	265	14	385
合计	157	490	128	775

从表 6.4，从主句语法位置看汉语关系从句指称类型的分布，我们可以得出四条倾向性规律：第一，所有关系从句都集中在主句宾语位置；第二，主句宾语位置主要与单指关系从句相联系；第三，主句主语位置主要与单指关系从句相联系；第四，PN 主要与无指关系从句相联系。

从汉语关系从句指称类型来看相应的主句分布情况，发现：无指关系从句其典型分布是主句 DO 位置，其次是 PN，排斥主句 SU 位置；类指关系从句其典型分布是 DO，这与刘丹青(2002)的观点不相符，根据刘丹青的观点类指关系从句的典型分布应该是 SU 位置，但在我们的统计中 SU 位置是继 DO 之后，排在第二位；单指关系从句其典型分布是 DO，其次是 SU。

接下来，我们将对为什么所有关系从句都集中在主句宾语位置，以及为什么主句主语和宾语位置主要与单指关系从句相联系、PN 主要与无指关系从句相联系，从语义和功能的角度作出解释。

我们认为宾语位置对名词性的指称成分有较大的包容性，而主语位置则有一定的限制。很多学者都发现动词前后的名词性成分指称性质有一定的差异，Cheng & Sybesma(1999)就指出在谓语动词之后，汉语光杆名词可以表达有定、无定以及类指，在谓语动词之前，汉语光杆名词可以表达有定和类指，但不能表达无定。宾语位置几乎能容纳所有的指称类型，而主语位置则有一定的限制，如排斥无指成分，表 6.4 中 271 例无指关系从句只有 8 例出现在主语位置上。Du Bois(1980)指出语篇模式会影响指称性，叙述模式中的所指往往是有指的，而描写模式中的所指出现在非主语位置往往是无指的。我们的统计结果正好能证明 Du Bois 这一观点，无指关系从句几乎不出现在主语位置，其典型分布是 DO 和 PN。宾语位置对名词性的指称成分有较大的包容性，导致无指、单指和类指关系从句都集中出现在主句宾语位置。

单指关系从句较之其他两类关系从句在主句宾语位置出现的数量最多，但我们从关系从句叙述和描写功能的角度来具体考察主句宾语位置，则进一步发现在主语宾语位置，出现的表叙述和描写功能的关系从句比例接近 1∶1，其中表叙述功能以单指关系从句居多，而表描写功能则以无指关系从句居多，进一步说明了单指关系从句倾向于表达叙述功能，而无指关系从句和类指关系从句倾向于表达描写功能，见表 6.5：

表 6.5　主句宾语位置上关系从句的类型分布

功能类型	指称类型分布	数量	合计
叙述功能	单指关系从句	178	244
	类指关系从句	26	
	无指关系从句	40	
描写功能	单指关系从句	87	246
	类指关系从句	41	
	无指关系从句	118	

我们同样考察了主句主语位置，发现主句主语位置上，表描写功能的关系从句要略多于表叙述功能的关系从句(84：73)，我们认为主语位置不同于宾语位置，主语位置可以与整个句子唯一的一个名词性论元相联系，谓词为不及物动词，用于描写场景、提供其他从属性信息，承载更多的描写功能。具体统计见表 6.6：

表 6.6　主句主语位置上关系从句的类型分布

功能类型	指称类型分布	数量	合计
叙述功能	单指关系从句	52	73
	类指关系从句	20	
	无指关系从句	1	
描写功能	单指关系从句	54	84
	类指关系从句	23	
	无指关系从句	7	

我们同样对 PN 位置上的关系从句从功能的角度进行考察，发现 PN 位置上的 90%关系从句起描写的功能，只有 10%的关系从句起叙述功能，这与主句主宾语位置上的关系从句功能表达有明显的区别。起描写功能的关系从句中主要是无指关系从句，详

见表6.7：

表6.7 主句PN位置上关系从句的类型分布

功能类型	指称类型分布	数量	合计
叙述功能	单指关系从句	5	13
	类指关系从句	4	
	无指关系从句	4	
描写功能	单指关系从句	9	115
	类指关系从句	5	
	无指关系从句	101	

在汉语中，PN即系动词“是”的宾语，其典型的语义功能是表达身份、属性及特征，所以出现在PN位置的关系从句的核心名词在指称类型上往往是无指的，如：

(41) 凭她，一位女光棍，而且是t给日本人作事的女光棍，绝对不会下狱。(p. 11)

(42) 这样，粮店已不是作生意，而是t替日本人作分配粮食的义务机关。(p. 59)

(43) 孙七本是t胆小的人，但在自从昏倒在街上几次以后，他已不那么怕死。(p. 124)

(44) 批改作文原是件t枯燥无味的事，现在倒成了他的欢乐。(p. 233)

例(41)和例(42)关系从句的核心名词“女光棍”和“义务机关”表明主语的身份和地位；而(43)和例(44)关系从句则强调主语的属性或特征，如“孙七”是“胆小”的，“批改作文”是“枯燥无味”的，这里的核心名词“人”和“事”可以省略不出现，因为无指名词表达的是该名词的抽象属性而不是具体的所指，在一定的语境中该名词可以不出现。

由于主句宾语位置对名词的指称类型有较大的包容性，所以单指、类指和无指关系从句都集中出现在主句宾语位置。宾语位置上的关系从句起叙述和描写功能，比例接近 1∶1；主语位置上起描写功能的关系从句略多于起叙述功能的关系从句，这与主语位置本身的语篇表达功能有关；而主句 PN 位置倾向于表达描写功能，主要与无指关系从句相联系。可见，关系从句的指称类型影响它们在主句中的分布，并与它们的语篇功能密切联系。

6.4.2　标记模式

标记模式是指在关系从句中出现的指示词、数词和量词。我们发现不同指称类型的关系从句在标记模式上也存在一定的差异：类指关系从句采取标记模式的数量最少，单指关系从句标记形式最广泛，无指关系从句标记形式中不出现指示词。

《饥荒》中共有 162 例类指关系从句，出现标记模式的类指关系从句只有 37 例，占 22.8%，这印证了刘丹青(2002)“光杆名词短语类指普遍性假说”，即在一切名词性单位中，其不带指称标记的 NP 都具有类指的指称义。在出现的标记模式中，数词仅限为“一”①，量词均为非个体量词，出现指示词。组合形式中单用“那”(14 例)，“一种、这种”(11 例)，“这些、那些”(7 例)。

524 例单指关系从句中，出现标记模式的单指关系从句有 233 例，占 44.5%，所以近一半单指关系从句采取标记模式，数词不限于“一”，量词多为个体量词，出现指示词，“那”及其组合形式要多于“这”及其组合形式，分别为 79 例和 26 例。

而 300 例无指关系从句中，出现标记模式的有 113 例，占 37.7%，数词也不仅限于“一”，量词多为个体量词，但排斥指示词②，

---

① 只有一例例外，“哈！三四十种猫不闻狗不舐 t 的废物混合成的东西，实在需要这样个美丽名称啊！”，量词“种”是典型的表类量词。

② 只出现了一例用“那”的标记形式，“白巡长不敢拦，他想救出自己的老伙伴，可又惹不起那两个 t 发了狂的野兽。”

这说明指示词倾向于出现在有指的名词性短语中，无指的名词性短语有排斥指示词的倾向。

标记模式将在本书第七章具体讨论，以上统计结果表明不同指称类型的关系从句在标记模式上有一定区别：在是否使用标记模式上，存在单指关系从句、无指关系从句和类指关系从句的关联斜坡，并且在指示词、数词和量词的选择上存在一定的差异，这和其语义和篇章功能等都是密切联系的。

6.5　小结

以往的研究多从有定性的角度来考察关系从句的语篇功能，本章尝试从不同的视角来全面分析汉语关系从句的指称类型，以取得“语义—功能—形式”的统一解释。

本章引入有指和无指、类指和单指等概念，确定汉语关系从句的指称类型，包括单指、类指和无指三种类型，并从叙述和描写、前景和后景的角度分析这三类关系从句的语篇功能。单指关系从句主要起叙述功能，而类指和无指关系从句主要起描写功能，前景主要由表叙述功能的单指关系从句构成，汉语关系从句也可以表达前景功能。在主句分布上，主句宾语位置对名词性短语的指称类型有较大的包容性，三类关系从句都集中出现在宾语位置，从关系从句语篇功能的角度对主句主宾语位置以及 PN 位置的考察，进一步证明了单指关系从句主要起叙述的功能，而类指和无指关系从句主要起描写的功能，三类关系从句在标记模式上存在一定的差异性。

我们认为把汉语关系从句分为单指、类指和无指，能取得“语义—功能—形式”的统一解释，能够挖掘出更多句法现象背后的语义功能动因。

第七章　汉语关系从句中指数量标记分布的语篇功能解释

7.0　引言

目前对汉语关系从句指数量标记的研究多限于对某一标记类型的研究，如指量标记（唐正大 2007；陈玉洁 2010；Ming 2010），数量标记，数词只限于“一”（Ming & Chen 2010），或者注重量词的研究（Pu 2008；吴芙芸 2011b；李金满 2013）等，尚未对汉语关系从句的指数量标记展开全面而深入的考察。

本章对汉语关系从句中指数量标记分布的考察以上述研究为起点。Li(2000)、Pu(2008)、Ming & Chen(2010)都强调不能仅从小句层面来研究指数量标记，指数量标记的使用更多是受到语篇语用功能的制约。在汉语关系从句中，指数量标记的使用是可选的，在句法上没有强制性，在句法位置上表现为可前可后，在语义上，指数量标记也没有统一的语义功能，所以指数量标记的使用并不是由句法语义层面决定的，而是由篇章层面的因素决定的。所以本章从语篇功能的视角，对汉语关系从句中的指数量标记进行全面的考察。在书面叙事语体中，汉语关系从句的指数量标记到底是如何分布的？关注指数量标记有无的对立，前后顺序的对立以及“一+量”结构在关系从句中的指称管理功能。

本章包括以下七个部分：7.1 综述研究背景；7.2 介绍语料提取和处理；7.3 指数量标记的总体分布情况；7.4 从前景化的角度来说明指数量标记的有无对立，主要从修饰语的数量和语篇延续性的两个角度来验证前景化的高低程度；7.5 从关系化的对象、信息地位、生命性、语篇功能以及语篇显著性等角度来说明指数量标记的前后对立情况，分析 NCL＋RC＋NP、RC＋NCL＋NP 和 DM＋RC＋NP、RC＋DM＋NP 在语篇功能和语篇分布上的差异；7.6 介绍优势标记类型“一＋量”结构的语篇功能；7.7 是小结。

7.1 研究背景

7.1.1 指数量标记

本章中的指数量标记包括指示(代)词、数词和量词及其相互之间的组合，例如：“这、那、点、件、这个、六块、四只、那三个”等。

汉语中的指示词和其他词类最大的差异就在于它不是从句法功能角度划分出来的范畴，而是从语用功能划分出的类别。Himmelmann(1996)归纳了指示词的四类功能：情景用(situationl use)、语篇用(discourse deictic use)、示踪用(tracking use)和认同用(recognitional use)[①]。随着进一步的语法化，如在北京话中“这/那”指别作用虚化，发展出类似英语“冠词”等用法(方梅、张伯江 1995；方梅 2002)。

Li(2000)讨论了汉语中数量标记的语用功能，数量标记在不同的语法层面上发挥不同的功能，在句法层面上起计数和分类的功能，在语篇层面上起着前景化(foregrounding)的功能。句法层面的功能是所有数量词都具备的功能，而语篇层面的功能是绝大部分的数量词所具有的功能。Contini-Morava & Kilarski(2013)

---

① 术语的汉语翻译参考方梅(2002)。

认为量词与所修饰的中心语之间语序的变化是由于语用目的，如前后景功能造成的。

从词类本身的特点以及前人对数量结构的研究成果，启发我们从语篇的视角来全面观察汉语关系从句中指数量标记的分布与功能。

7.1.2 指数量标记的语序问题

目前已有的研究主要集中在语序问题的探讨，即指数量标记前后分布差异的探讨，对指数量标记的有无以及内部小类之间的差异关注很少。

赵元任(Chao 1968：148)提出如果有一个区别修饰语(DM)和一个别的修饰语，语序决定它是限制性还是描写性：

(1) 那位戴眼镜儿的先生是谁？—“戴眼镜儿的”是描写性

(2) 戴眼镜儿的那位先生是谁？—“戴眼镜儿的”是限制性

赵元任关于描写性和限制性定语的论述，引发了一场旷日持久的争论，有持否定态度的，如 Del Gobbo(2005)、唐正大(2007)、石定栩(2010)，认为汉语关系从句不存在限制性和描写性之分，语序与限制性、描写性不存在对应关系；也有持肯定态度的，如陈宗利、温宾利(2004)、屈承熹(2005)，陈玉洁(2009，2010)、杨彩梅(2011)，这些研究大多是在赵的基础上进行修正发展。陈宗利、温宾利(2004)认为带对比重音的是限定性的，否则是非限定性的。杨彩梅(2011)从句法形式上证明，汉语关系小句限制性和非限制性区别存在于隐性句法，与语义上的区别相匹配。陈玉洁(2009：178)认为定语的功能确实应该区分语义和语用层面，语义层面表现为描写性和区别性的对立，语用层面表现为限制性和非限制性的对立。

我们认为赵元任提出的语序决定修饰语的语义功能，是一条倾向性规律，而不是一条绝对规律。限制性与非限制性的对立与语序是否存在对应关系，必须通过语篇分布来加以验证。

目前从语篇的视角来考察汉语关系从句指数量标记分布的

研究成果较少，仅有唐正大（2007）、陈玉洁（2010）、吴芙芸（2011b）、李金满（2013）、Pu（2008）、Ming & Chen（2010）、Ming（2010）等。

唐正大（2007）区分有准备的书面语材料和无准备的自然口语语料，在此基础上统计分析了“关内式”和“关外式”这两种关系化结构的使用条件，认为“关内式”与主语关系化存在关联，而“关外式”与宾语关系化存在关联。而 Ming & Chen（2010）对“一＋量”构成的数量成分在关系从句中的语序变化进行考察发现，“关外式”（原文为 OMN）和“关内式”（原文为 IMN）是大致平均分布的，关系化的对象并不能有效预测关系从句和数量成分的相对位置，关系化的对象并不是造成两种句法结构不同分布的影响因素。

Pu（2008）讨论汉语复杂名词性短语（即关系从句）中指量和/或数量结构的分布差异，其通过认知上的“闭合（Closure）”和“标记（Markedness）”理论对汉语关系从句的分布作出假设，即：

(3) 在汉语语篇中，无量词标记的关系从句要多于有量词标记的关系从句，因为无量词在语篇中是中立的、无标记结构；分离式关系从句的出现频率要比完整式关系从句高，因为量词置于关系从句之前起到标志即将出现的核心名词以避免句子加工过程中的语义模糊（Pu 2008：149）。

这一假设在 Pu 采取的语料中基本得到了证实，不过，该文未论及量词分布位置和关系从句类型的具体联系。

而 Ming & Chen（2010）、Ming（2010）堪称姊妹篇，前者讨论了数量结构“一＋量”语序变化的语篇动因，后者讨论了指量结构语序变化的语篇动因，是目前对汉语关系从句指数量标记讨论较全面的两篇文献。Ming & Chen（2010）从核心名词的信息地位、关系化对象、核心名词的生命性、定位机制、语篇显著性和关系小句的语篇功能六个方面来比较 OMN 和 IMN 的语篇分布特点，见表 7.1：

表 7.1　六种因素影响下 OMN 和 IMN 的语篇分布模式(Ming & Chen 2010：183)

		OMN	IMN
Information status	*Given*		
	New	√	√
Grammatical roles of relativized NPs	*O*	√	
	S		√
	X	√	√
Animacy of head NPs	*Concrete*		√
	Abstract	√	
Grounding mechanisms for head NPs	*Anchoring*		
	Main clause grounding		√
	Proposition linking	√	
Discourse salience of head NPs	*High*		√
	Low	√	
Discourse functions of RCs	*Characterization*		√
	Identification	√	
	Others		

由表 7.1 可见，核心名词的信息地位以及被关系化的名词短语在关系小句中的语法角色并不能有效区分 OMN 和 IMN 的语篇分布；而核心名词的生命性、定位机制、语篇显著性以及关系小句的语篇功能是构成 OMN 和 IMN 语篇分布的影响因素。

Ming(2010)从被关系化的名词短语在关系小句中的语法位置、信息地位、生命性以及关系小句的语篇功能四个方面来考察 RC＋DM＋NP 和 DM＋RC＋NP 不同特点，由于在该文中没有相应的汇总表格，为了直观和便于比较，我们把其统计结果按照表 7.1 的格式汇总如下，把 RC＋DM＋NP 同样记作 OMN，把

DM+RC+NP 记作 IMN，详见表 7.2：

表 7.2 四种因素影响下的 OMN 和 IMN 的语篇分布模式

		OMN	IMN
Information status	*Given*		√
	New	√	
Grammatical roles of relativized NPs	*O*	√	
	S		√
	X	√	√
Animacy of head NPs	*Human*		√
	Nonhuman	√	
Discourse functions of RCs	*Characterization*		√
	Identification	√	
	Others		

通过表 7.1 和表 7.2，我们可以发现，虽然 OMN 和 IMN 实际分别包含了数量结构和指量结构在关系小句中的前后分布，但是除了信息地位之外，OMN 和 IMN 的分布有惊人的相似之处：不考虑其他语法位置，OMN 与宾语关系从句相联系，IMN 与主语关系从句相联系；生命性因素方面，OMN 多与无生命事物相联系，IMN 多于有生命的事物相联系；语篇功能方面，OMN 的关系小句主要起识别的功能，IMN 的关系小句主要起描写的功能。这启发我们可以把指量结构和数量结构联系起来一起加以观察，而不是像目前研究者那样把这些标记分离出来加以研究。

但另一方面，我们又存在疑问，OMN 和 IMN 果真有如此鲜明的对立关系？那么以数量结构构成的 OMN、IMN 和指量结构构成的 OMN、IMN 之间又有什么差异呢？在表 7.1 中，我们存在一个疑问就是既然 OMN 和 IMN 核心名词的定位机制都是非锚定的，而是采取相应的主句定位和相关命题定位，那么其关系小句就无需提供相应的识别功能，而是应该提供描写功能，因为核心名词的定位机制和关系小句的语篇功能应该是相应的，但表7.1中OMN的关系小句功能仍然主要是识别功能。为了验证我们的疑问，我们也将从关系化的对象、核心名词的信息地位、生命性、语篇显著性以及关系小句的语篇功能等五个方面来说明指数量标记的前后对立情况，分析NCL＋RC＋NP、RC＋NCL＋NP和DM＋RC＋NP、RC＋DM＋NP在语篇分布和语篇功能上的差异。

除此之外，前人很少涉及标记有无的讨论，以及标记内部小类的差异，所以在本章，我们首先将全面考察指数量标记在汉语关系从句中的分布情况，然后依次讨论标记有无、标记语序以及优势标记"一＋量"结构，旨在揭示汉语关系从句中指数量标记的分布规律并尝试从语篇功能的角度作出解释。

7.2 语料的提取和处理

本研究采用老舍的《饥荒》作为语料来源。我们结合刘丹青(2005a，2005b)的观点，确定汉语关系从句应满足以下几个条件：1)必须含有关系从句标记"的"；2)关系小句中必须含有一个与核心名词同指的句法位置；3)从句中含有动词短语和形容词短语。另外，如有两个关系小句同时修饰一个核心名词，记为一个句子，两个关系从句。语料中符合条件的包含关系从句的句子共937例。

首先，从整体上进行标注：

1）标记的有无：包括光杆核心名词和有标记的核心名词；

2）标记的位置：指数量标记与关系小句的相对位置，包括前置、后置、中置；

3）关系化对象：核心名词在关系小句中的语法位置，包括：及物谓语的主语(A)、不及物谓语的主语(S)、宾语(O)、领属语(GEN)；

4）核心名词在主句中的语法位置，包括：主语(SU)、宾语(DO)、系词宾语(PN)、介词宾语(PPO)、领属语(GEN)、独立小句(C)、其他(X)；

5）核心名词的生命性：包括实体名词(concrete nouns)、抽象名词(abstract nouns)。实体名词包括有生名词(人、动物)、无生名词(如桌子、鲜花)；抽象名词主要表达抽象的概念，包括态度、情感类名词等(如希望、修养)；

6）核心名词的信息地位：包括新信息和旧信息；

7）关系小句的数量：即一个关系小句还是多个关系小句；

8）修饰语的数量：除指数量标记以外的所有修饰语的数量，包括关系小句、形容词、区别词等；

9）核心名词的语篇显著性：①核心名词的再现率：首次引入语篇的所指在后续小句中是否再次提及。②核心名词的语篇显著性：采用 Ming & Chen(2010)的方法，以名词性短语在语篇中的延续性作为衡量该名词性短语的语篇显著性的标准。计算某个名词性短语在首次提及之后的 10 个小句中再次提及的次数，例如，一个名词性短语在后续的 10 个小句中出现了 4 次，则它的语篇显著性的值就为 4。

10）关系小句的功能：包括描写功能和识别功能。当关系小句包括已知的名词或代词时，起锚定功能(Fox & Thompson 1990)，则关系小句起识别功能，记为 1；当由主句或其他相关命题提供定位功能，则关系小句起描写的功能，提供新信息，记为 0。

然后，针对“一＋量”标记的关系从句进行标注：

1）“一＋量”结构中的量词类型：包括通用量词和专用量词。

关于量词“个”的处理需要特别说明。田意民等(2002：107)同意“个”被称为“最常用的量词”、“用途比较广泛的量词”，但不赞同其作为“通用量词”的说法。该文通过四项实证研究证实“个”仍然具有分类词“个体计量”的功能。“个”适用于“外形具有立体特征的事物”，例如气球、西瓜。《现代汉语八百词》(2002：221)把“个”标注为通用个体量词。本文认为“个”本质上是个体量词，但其具有泛化的趋势。因此，我们把“个”分成通用和专用量词两类，前者包括有专用量词而用“个”的实体名词以及抽象名词，后者为符合“立体特征”等属性要求的实体名词。

2) “一＋量”的用法：①表达数量；②表示存现；③引入无定实指；④引入无定虚指；⑤引入无指；⑥引入有定所指。

3) 核心名词的指称地位：首指(首次引入语篇的所指)与续指(指称已经引入语篇的所指)。

7.3 汉语关系从句中指数量标记的总体分布

我们首先考察 937 句包含关系从句的句子中是否出现指数量标记，考察结果显示，不包含指数量标记的关系从句显著多于含指数量标记的关系从句，前者共 528 例，占 56.4%；后者共 409 例，占 43.6%，这与 Pu(2008)的假设[①]基本吻合，即指数量标记作为一种标记形式，在实际语篇中，无标记形式要多于有标记形式。

其次，我们详细考察了 409 例出现指数量标记的句子采用的标记形式以及标记位置，发现：标记形式中数量结构明显多于指量结构，而且数量结构中尤其以“一＋量”占绝对优势，共 134 例，占指数量标记总数的 32.8%.；指数量标记表现出强烈的前置倾向，前置明显多于后置，前置共 371 例，后置仅 32 例[②]，详见表 7.3：

---

① 见上文(3)。

② 指数量标记中置的情况不是我们的考察对象，中置只有 6 例，数量较少，主要是出现在两个关系小句之间的情况。

表 7.3　汉语关系从句中指数量标记的总体分布

<table>
<tr><td colspan="7">标记类型</td><td>总计</td><td>比例</td></tr>
<tr><td colspan="7">无标记</td><td>528</td><td>56.4%</td></tr>
<tr><td rowspan="18">有标记</td><td rowspan="9">前置</td><td>一+量</td><td>115</td><td>31.0%</td><td rowspan="9">371</td><td rowspan="9">90.7%</td><td rowspan="18">409</td><td rowspan="18">43.6%</td></tr>
<tr><td>指(单用)</td><td>98</td><td>26.4%</td></tr>
<tr><td>量(单用)</td><td>76</td><td>20.5%</td></tr>
<tr><td>指+量</td><td>53</td><td>14.3%</td></tr>
<tr><td>数(除“一”外)+量</td><td>20</td><td>5.4%</td></tr>
<tr><td>指+数+量</td><td>4</td><td>1.1%</td></tr>
<tr><td>数(单用)</td><td>4</td><td>1.1%</td></tr>
<tr><td>其他</td><td>1</td><td>0.3%</td></tr>
<tr><td>小计</td><td>371</td><td>100%</td></tr>
<tr><td rowspan="5">后置</td><td>一+量</td><td>17</td><td>53.1%</td><td rowspan="5">32</td><td rowspan="5">7.8%</td></tr>
<tr><td>指+量</td><td>8</td><td>25.0%</td></tr>
<tr><td>数(除“一”外)+量</td><td>5</td><td>15.6%</td></tr>
<tr><td>数(单用)</td><td>2</td><td>6.3%</td></tr>
<tr><td>小计</td><td>32</td><td>100%</td></tr>
<tr><td rowspan="4">中置及特殊形式</td><td>一+量</td><td>2</td><td>33.3%</td><td rowspan="4">6</td><td rowspan="4">1.5%</td></tr>
<tr><td>数(除“一”外)+量</td><td>3</td><td>50.0%</td></tr>
<tr><td>指量分离①</td><td>1</td><td>16.7%</td></tr>
<tr><td>小计</td><td>6</td><td>100%</td></tr>
<tr><td colspan="5">总计</td><td>409</td><td>100%</td><td>937</td><td>100%</td></tr>
</table>

① 语料中出现了 1 例指量分离形式，“韵梅呢，想不出什么简单明了的话来说明自己的态度，可是那几千年文化培养出 t 的一点一视同仁之感使她可怜老太婆的遭遇。”(p. 154)指示词“那”与数量结构“一点”构成分离形式。

表7.3体现了语料中指数量标记在汉语关系从句中的分布情况。我们还统计了王朔的作品《爸》中指数量标记相应的分布情况，两者同为书面叙事语体，调查的倾向也是一致的（无标记占57.2%，有标记占42.8%，其中前置占91.9%，后置占7.1%，"一十量"形式同样分布最广），由此我们按照Pu(2008)的观点作出有关汉语关系从句指数量标记分布的假设：

(4) 在汉语语篇中，无标记的关系从句要多于有标记的关系从句，而有标记的关系从句中，标记前置显著多于标记后置，标记内部存在差异性，"一十量"结构分布最广。

至于其中的原因，我们将在下文中予以讨论，希望能够对汉语关系从句指数量标记分布做出比较全面的考察和解释。

7.4　指数量标记的有无对立

从表7.3统计可以看出，无标记形式的关系从句要显著多于有标记的关系从句，这说明指数量标记的使用不是强制性的，并不是由小句层面的句法语义因素决定的，而是由语篇层面的语篇或语用因素决定的。

Li(2000)对汉语量词的研究也持上述观点，认为量词的使用与否并不是由语法层面决定的，而是由作用于语篇层面的语篇或/和语用因素触发的。汉语中，数量词的使用是一种前景化的机制，使得它们所修饰的核心名词或者该名词的特征在语篇中处于显著的地位。Li认为，某个参与者或实体(paricipant/entity)所使用的修饰语越多，越容易被感知到，在读者或听者对事件的概念化过程中越突显。数量词的使用是语篇驱动的一种表明语篇显著性的手段，也就是说当一个名词性短语在语篇中是突显的，并且受到数量短语的修饰而前景化，那么它倾向于进一步受到其他修饰语的修饰。Li(2000)观察到有数量词修饰的核心名词比无数量词修饰的核心名词有更多的前置修饰语，证实了数量词表明核心名词语篇显著性的假设。

但 Ming & Chen(2010)认为 Li(2000)的做法不适合研究数量结构前后语序差异，所以他们采用 Givón(1983)的做法，把话题延续性作为验证语篇显著性的方法。该方法的主导思想是：如果通过一个名词性短语激活的实体在语篇中是显著的，那么其在语篇中首次引入之后，倾向于在后续语篇中保持延续性，该实体越突显，则延续性越持久。这种方法实际上就是测量出现的频率：一个实体在语篇中持续性越长，则在语篇中的出现频率越高，那么它的语篇显著性也越突出(Gries 1999，转引自 Ming & Chen 2010)。另一方面，如果一个名词性短语，引入语篇之后，在后续语篇中不再提及，那么则认为在语篇推进过程中它不起任何重要的作用。

我们认为指数量标记在汉语关系从句中有无对立也可以用前景化来作出统一解释，即有标记的关系从句的核心名词在语篇中的显著性要高于无标记的关系从句。我们将结合 Li (2000)和 Ming & Chen(2010)的方法：一是检验在小句层面有标记的核心名词是否比无标记的核心名词受到更多修饰语的修饰。具体的做法就是计算核心名词实际所拥有的修饰语的数量，不包括指数量标记。如果只有一个修饰语，则记为 1，如果有两个修饰语，则记为 2，以此类推；二是检验在语篇层面核心名词的延续性。具体的做法参考 Ming & Chen(2010)，即在该名词性短语首次提及之后 10 个后续小句中提及的次数，如果一个核心名词在后续小句中出现了 4 次，则它的语篇显著性的值为 4。我们考察了 937 例句子中所有的关系从句所修饰的核心名词在后续 10 个小句中出现的次数。统计结果分别见表 7.4 和表 7.5：

表 7.4　有标记和无标记关系从句前置修饰语的数量

类型	数量	修饰语数量	平均值
有标记关系从句	409	554	1.3545
无标记关系从句	528	653	1.2367

表 7.5　有标记和无标记关系从句核心名词的语篇延续性

类型	数量	语篇延续性数量	平均值
有标记关系从句	409	308	0.7531
无标记关系从句	528	276	0.5227

从表 7.4 和表 7.5 可见，有标记关系从句的前置修饰语数量均值和语篇延续性均值均高于无标记关系从句，我们采用 SPSS 统计中的单因素方差分析(ANOVA)显示两组数据存在显著性差异，(表 7.4：$F(1,935)=11.113$，$P=0.001$，表 7.5：$F(1,935)=6.282$，$P=0.012$)。这表明有指数量标记修饰的关系从句核心名词倾向于有更多的修饰语，在语篇中有更高的延续性。这两组数据证明了我们的假设，即：

(5) 指数量标记具有前景化的功能，有指数量标记的关系从句的核心名词在语篇中的显著性要高于无标记的关系从句。

有标记关系从句和无标记关系从句的对立主要体现在前者的核心名词有更高的语篇显著性，如有更多的前置修饰语，具体举例如下：

(6) 瑞全万也没想到钱诗人，钱伯伯，t 天下最老实的人，会受毒刑。(p. 176[①])

① 本章的例句除特别交代出处外，均选自《饥荒》，文中只注明页码。

(7) 在他记忆中，钱伯伯是个 t 胖胖的，厚敦敦的，黑头发的，安良温善的，诗人。(p. 175)

(8) 她平日不是 t 爱哭闹的孩子，可是现在动不动便哇的一声哭叫起来，发泄她小心眼中的委屈。(p. 99)

(9) 因此，他不能到街头和那群十三四岁的，t 刚出师的小孩子们挤在一处，去伺候洋车夫和小贩们。(p. 114)

例(6)中核心名词“人”没有任何指数量标记，只有一个修饰语，即关系小句“天下最老实”；而例(7)中核心名词受到量词“个”的修饰，除量词之外，“诗人”之前有四个修饰语“胖胖的”、“厚敦敦的”、“黑头发的”、“安良温善的”。例(8)中核心名词“孩子”只有一个修饰语，即关系小句“爱哭闹”；例(9)中核心名词受到指量词“那群”的修饰，除指量词之外，“孩子们”之前有三个修饰语“十三四岁”、“刚出师”、“小”。

Li(2000)指出语篇中的某个参与者或实体越重要，其使用的编码材料就越多，这符合 Givón(1991)提出的“相似性的数量原则”。我们认为汉语关系从句中，指数量标记的出现，往往标志着更多前置修饰语的出现，使得核心名词具有语篇显著性。我们还发现两个以上的关系小句共同修饰一个核心名词时，往往会出现指数量标记，在《饥荒》中共有 39 例出现两个及以上的关系小句共同修饰一个核心名词的句子，其中 32 例出现指数量标记，只有 7 例采取无标记形式。陶红印(2002)就曾特别指出，在言谈中并不是任何名词性成分都有均等的机率接受关系小句的修饰，只有对叙事发展有重要作用的名词所指才有较大的可能受到关系小句的修饰。当两个及以上的关系小句共同修饰一个核心名词，我们认为该核心名词往往具有较高的语篇显著性，是对叙事发展有重要作用的名词所指，所以往往会出现指数量标记，如：

(10) 她的怒火从新由心中燃起，烧穿了屋顶，一直烧到天空，半空中有红光结成 t 的两个 t 极亮的大字：所长！

(p.18)

(11) 这就是他三四年来得到 t 的一点 t 宝贵的修养。(p.162)

另一个说明指数量标记是前景化机制的证据是语篇延续性。从表 7.5 可见,有标记的核心名词较之无标记的核心名词有更高的语篇延续性,在后续的 10 个小句中有更高的出现频率,如:

(12) 一些穿着和服、低着头走路的日本娘们,在市场上,胡同里,见东西就抢。

① 她们三五成群,

② Φ 跑到菜市场,

③ Φ 把菜摊子或水果摊子围上。

④ 你拿白菜,

⑤ 我拿黄瓜,

⑥ Φ 抓起来就往篮子里头塞。

⑦ 谁也不闲着,

⑧ 茄子、西葫芦,Φ 一个劲儿地往袖筒里装。

⑨ Φ 抢完了,

⑩ Φ 一个个还像漂漂亮亮的小磁娃娃似的叽叽呱呱有说有笑地各回各家。(p.243)

例(12)中"日本娘们"受到数量词"一些"的修饰,在其首次出现之后,在后续 10 个小句中,以代词、零形式回指的次数高达 7 次。

7.4 节讨论了指数量标记有无的对立情况。在汉语书面叙事语体中,无标记的关系从句明显要多于有标记的关系从句,指数量标记的出现与核心名词的前景化密切相关。有标记的关系从句核心名词要比无标记关系从句核心名词有更高的语篇显著性,这可以从核心名词的前置修饰语的数量和语篇延续性两个方面得以验证。统计结果支持指数量标记"前景化"功能的假设。

7.5 指数量标记的前后对立

7.5.1 指数量标记的语序及影响因素

本节将讨论指数量标记前后分布的语序问题以及相应的影响因素，统计结果主要与 Ming & Chen(2010)、Ming(2010)的研究成果相比较。表 7.3 的数据表明：指数量标记倾向于前置，后置数量有限，两者的比例接近 12：1(371：32)；涉及某一具体类型，如“一＋量”，前置为 115、后置仅为 17，两者的比例接近 7：1，这与 Ming & Chen(2010)的统计结果有很大的出入，在他们的统计中“一＋量”前置式和后置式的比例是比较接近的，大约为 4∶5，“一＋量”后置式要多于前置式。但是 Pu(2008)、李金满(2013)等相关统计都支持“一＋量”等结构的前置倾向；再看“指＋量”标记，在我们的语料中，前置为 53，后置为 8，两者的比例也接近 7∶1，这与 Ming(2010)的统计结果基本一致，两者的比例为 7∶2(156：42)，“指＋量”标记以前置为常。

我们把指数量标记分成两组 OMN 和 IMN，OMN 即 RC＋DQC＋NP 形式，IMN 即 DQC＋RC＋NP 形式。DQC 中又分成 DM 和 NCL 两类，DM 包括指示(代)词及其与量词的组合，NCL 不仅仅限于数词“一”，还包括其他数量结构[①]。本节中 OMN 主要讨论 RC＋DM＋NP 和 RC＋NCL＋NP，则 IMN 主要讨论相应的 DM＋RC＋NP 和 NCL＋RC＋NP，而当我们使用“DM 组”就是指 DM 构成的关系从句，包括 RC＋DM＋NP 和 DM＋RC＋NP，“NCL 组”就是指 NCL 构成的关系从句，包括 RC＋NCL＋NP 和 NCL＋RC＋NP。

---

① 具体参照表 7.3 中前置和后置部分的统计，其中量(单用)、指＋数＋量、数(单用)以及其他，没有包括在内。DM 组共 159 例，其中 IMN151 例，OMN8 例；NCL 组共 157 例，其中 IMN135 例；OMN22 例。

下面我们将结合唐正大(2007)、Ming & Chen(2010)、Ming(2010)的研究成果，从关系化对象、核心名词的信息地位、生命性、语篇显著性以及关系小句的语篇功能等五个方面来说明OMN和IMN两种结构的差异性。

7.5.2　关系化的对象

唐正大(2007)讨论了指量成分在关系从句结构中的分布规律，发现IMN(即唐文中的关内式)与主语关系从句相联系，而OMN(即唐文中的关外式)与宾语关系从句相联系。Ming & Chen(2010)、Ming(2010)发现如果不考虑其他关系化对象，也存在IMN与主语关系从句，OMN与宾语关系从句的关联，但考虑其他关系化对象，则IMN和OMN是平均分布的，所以关系化对象并不能有效区分这两种语序结构类型。

为了更好地验证指数量标记前后分布与关系化的对象存在的关联，我们首先从整体上考察，OMN与IMN是否与特定的关系化对象存在关联；然后再区分DM组和NCL组前后语序是否与特定的关系化对象存在关联。在《饥荒》中，指示成分和数量成分构成的IMN共286例，相应的OMN共30例，我们的确发现IMN倾向于主语关系从句相联系，但是OMN并不表现出与宾语关系从句相联系的倾向性[①]，详见表7.6：

表7.6　IMN和OMN与关系化的对象的关联分布

类型	O	S	总计
IMN	32(11.4%)	249(88.6%)	281(100%)
OMN	14(46.7%)	16(53.3%)	30(100%)
总计	46(14.8%)	265(85.2%)	311(100%)

① 本节统计中未涉及核心名词在关系小句其他语法位置的情况，因为出现的实例很少，不影响相关的统计结果。

从表 7.6 可见，指数量成分前置构成的 IMN 倾向于主语关系从句相联系，而指数量成分后置构成的 OMN 并不表现出与宾语关系从句相联系的强烈倾向，二项检验 $P=0.856>0.05$，即 OMN 与主语关系从句和宾语关系从句并不存在明显的关联。

考虑到唐正大(2007)只是单独考察了指量成分在关系从句结构中的分布，Ming & Chen(2010)、Ming(2010)分别考察指量成分和数量成分在关系从句结构中的分布，我们也分别考察了 DM 组和 NCL 组的情况，发现 DM 组中，DM+RC+NP 与主语关系从句相关联，而 RC+DM+NP 则与宾语关系从句相关联，而 NCL 组中，NCL+RC+NP 与主语关系从句相关联，而 RC+NCL+NP 并不表现出与宾语关系从句相关联的倾向，详见表 7.7：

表 7.7 DM 组和 NCL 组与关系化的对象的关联分布

类型		O	S	总计
DM 组	DM+RC+NP	14(9.5%)	134(90.5%)	148(100%)
	RC+DM+NP	6(75.0%)	2(25.0%)	8(100%)
NCL 组	NCL+RC+NP	18(13.5%)	115(86.5%)	133(100%)
	RC+NCL+NP	8(36.4%)	14(63.6%)	22(100%)
总计		46(14.8%)	265(85.2%)	311(100%)

所以从关系化的对象来看指数量标记的语序问题。从总体上，IMN 与主语关系从句相联系，而 OMN 并不表现出与宾语关系从句相关联的倾向；从 DM 组的分布来看，指量成分前置与主语关系从句相关联，指量成分后置与宾语关系从句相关联；而 NCL 组，数量成分前置与主语关系从句相关联，数量成分后置并不表现出与宾语关系从句相关联的的倾向。这一统计结果部分支持前人的相关统计，如 DM 组的分布支持唐正大(2007)的统计结果；IMN 无论是整体分布，还是具体到 DM 组和 NCL 组的分

布都是与主语关系从句相关联，与 Ming & Chen(2010)和 Ming (2010)的部分统计结果一致。但指数量标记后置并没有表现出固定的关联模式，这值得我们进一步探讨，即关系化对象并不是决定指数量标记分布的唯一因素，指数量标记前后分布还受到其他语篇因素的影响。

7.5.3 信息地位

Ming & Chen(2010)发现"一+量"结构的核心名词在信息地位方面都表现为新信息，而指量结构有不同的表现，RC+DM +NP 主要表达新信息，DM+RC+NP 主要表达旧信息(Ming 2010)，指量结构前后分布在信息表达方面有不同的倾向性。

我们分别考察 NCL 组和 DM 组的核心名词的信息地位，我们发现 NCL 组倾向于表达新信息，而 DM 组则倾向于表达旧信息，指量结构和数量结构的前后分布对核心名词的信息地位不构成影响，详见表 7.8：

表 7.8 DM 组和 NCL 组核心名词的信息地位

类型		新信息	旧信息	总计
DM 组	DM+RC+NP	57(37.7%)	94(62.3%)	151(100%)
	RC+DM+NP	3(37.5%)	5(62.5%)	8(100%)
NCL 组	NCL+RC+NP	110(81.5%)	25(18.5%)	135(100%)
	RC+NCL+NP	20(90.9%)	2(9.1%)	22(100%)
总计		190(60.1%)	126(39.9%)	316(100%)

我们认为 DM 组的核心名词倾向于表达旧信息，而 NCL 组的核心名词倾向于表达新信息，符合指量标记和数量标记的语篇功能，"这、那"等指示(代)词及其组合在语篇中往往表达有定信息，有定信息往往又是已知信息即旧信息，而数量结构，特别是"一+量"在语篇中往往表达无定信息，无定信息往往是未知信息即新

信息，所以DM组的核心名词倾向于表达旧信息，而NCL组核心名词倾向于表达新信息，前后语序不改变核心名词的信息地位。

7.5.4　生命性

生命性因素对于关系从句的分布具有重要的影响（Fox & Thompson 1990）。对于生命性，Ming & Chen（2010）发现"一+量"结构中IMN主要与指人或指物的具体的实体相联系，而OMN主要与抽象的实体相联系，而Ming（2010）发现在指量结构中IMN也主要与指人的核心名词相联系，而OMN主要与非指人的核心名词相联系。

我们按照生命性因素把核心名词划分为指人名词和非指人名词两类，来考察DM组和NCL组的核心名词生命性情况，如表7.9所示：

表7.9　指数量标记语序分布与核心名词生命性的关联

类型		指人	非指人	总计
DM组	DM+RC+NP	36(23.8%)	115(76.2%)	151(100%)
	RC+DM+NP	3(37.5%)	5(62.5%)	8(100%)
NCL组	NCL+RC+NP	26(19.3%)	109(80.7%)	135(100%)
	RC+NCL+NP	5(22.7%)	17(77.3%)	22(100%)
总计		70(22.2%)	246(77.8%)	316(100%)

DM组和NCL组都表现为非指人核心名词要多于指人名词，OMN和IMN两种格式的对立与生命性不存在关联性，非指人核心名词要多于指人名词。

7.5.5　关系小句的语篇功能

Fox & Thompson（1990）根据语篇功能把关系小句分成两类：识别（identification）和描写（charaterization）。第一种类型，关系小句帮助识别核心名词的所指，往往提供背景信息，帮助其所指在语篇中得以定位；第二种类型，关系小句对语境中特定的名词所指提供描写性的信息，往往提供前景信息，使核心名词的所指具体化，两种类型的关系小句对比如下：

(13) a. This man [who I have for linguistics] is really too much.（同上：301）

b. There's a woman in my class [who's a nurse].（同上）

(13a)中关系小句通过关系小句中已知实体 *I*，来识别核心名词 this man，而(13b)中关系小句不是起识别的作用，而是提供描写信息，起断言的作用。关系小句通过已知信息来识别核心名词，该识别作用称之为锚定（anchor），详见 Fox & Thompson (1990)。Fox & Thompson(1990)提到关系从句有三种定位机制，除了锚定之外，其余两种分别为主句定位和相关命题定位。我们认为采取这两种定位方式的关系小句就不再起定位的作用，而是起描写功能，因为定位功能已经由主句或者相关命题完成了。这与 Ming & Chen(2010)采取的定义有所不同，他们把起锚定作用的关系小句和通过相关命题定位的关系小句都看作是起识别功能的。在我们的统计中，只把起锚定作用的关系小句看作是起识别功能的；而采取其他定位方式的关系小句都视为描写功能，统计结果如表 7.10：

表 7.10 指数量标记语序分布与 RC 语篇功能的关联

类型		识别功能	描写功能	总计
DM 组	DM+RC+NP	14(8.6%)	149(91.4%)	163(100%)
	RC+DM+NP	7(87.5%)	1(12.5%)	8(100%)
NCL 组	NCL+RC+NP	12(8.6%)	128(91.4%)	140(100%)
	RC+NCL+NP	6(26.1%)	17(73.9%)	23(100%)
总计		39(11.7%)	295(88.3%)	334(100%)

表 7.10 的数据表明，DM 组中指量标记前后分布与关系小句的语篇功能存在关联，即指量标记前置，关系小句起描写功能，而指量标记后置，关系小句起定位的功能，这与赵元任(1968)观点一致，我们认为赵元任(1968)关于限制性和描写性的对立与语序之间的相关关系的论述是一种倾向性的观点，这一观点在我们的语料中得以证实。而 NCL 组中数量标记前后分布与关系小句的语篇功能并不存在关联，都是倾向于起描写的作用。

7.5.6 语篇显著性

Ming & Chen(2010)按照 Givón(1983)的做法，统计了有数量结构标记的关系从句核心名词在首次提及之后的 10 个后续小句中出现的频率。他们的统计结果表明 IMN 较之 OMN 有更高的语篇延续性。对指量结构标记的关系从句核心名词，Ming(2010)没有进行这方面的统计。我们同样采用 Ming & Chen(2010)的做法，来全面观察指量标记和数量标记构成 OMN 和 IMN 之间是否存在上述差异性，详见表 7.11：

表 7.11 核心名词的语篇延续性

类型		语篇延续性
DM 组	DM+RC+NP	0.81
	RC+DM+NP	1.50
NCL 组	NCL+RC+NP	0.70
	RC+NCL+NP	0.50

表 7.11 的数据表明，NCL 组中核心名词的语篇延续性均值 IMN 要略高于 OMN，但是两者没有显著性差异(t 检验，sig=0.210>0.05)，而 DM 组正好与 Ming & Chen(2010)的研究结果相反，核心名词的语篇延续性 OMN 要高于 IMN，但是两者也没有显著性差异(t 检验，sig=0.253>0.05)，这说明指数量标记前

后分布与语篇显著性也不存在关联。

由于主宾语的不对称现象一直是汉语学界比较关注的问题，如沈家煊(1999：241)指出主语和宾语不对称的实质是语义和语用上的不对称，从语义上讲是施事和受事的不对称，从语用上讲是话题和焦点的不对称。Huang & Chui(2005)着眼于小句中的动词，认为动前的A和S标记话题信息，而动后的O往往引入新信息，而且在后续小句中A和S的关联度超过S和O的关联度。所以，我们在考察指量标记和数量标记的关系从句语篇延续性时，增加了"主句位置"这一变量，即关察DM组和NCL组分布在主句主语和宾语位置时，在语篇延续性方面是否存在差异。具体统计结果，见下表：

表7.12　主句主宾语位置与核心名词的语篇延续性

类型		DO位置上HeadNP的语篇延续性	SU位置上HeadNP的语篇延续性
DM组	DM+RC+NP	0.70	1.29
	RC+DM+NP	1.80	1.50
NCL组	NCL+RC+NP	0.72	0.93
	RC+NCL+NP	0.67	1.00

根据上表，首先发现DM组和NCL组分布在主句主语位置和宾语位置对其语篇延续性不产生影响，如NCL+RC+NP出现在DO位置和SU位置，其语篇延续性均值t检验结果为sig=0.126>0.05。其次出现在同一句法位置上的OMN和IMN的语篇延续性同样不存在显著性差异，如DO位置上的DM+RC+NP和RC+DM+NP，其语篇延续性均值t检验结果为sig=0.066>0.05。再次说明了指数量标记前后分布与语篇显著性不存在关联。

综上所述，我们从关系化的对象、核心名词的信息地位、生命性、语篇显著性、关系小句的语篇功能五个方面对OMN和IMN两式四组结构进行了较详细的考察，发现：就关系化的对象来说，从总体上看，IMN表现出与主语关系从句相关联，而OMN没有表现出与宾语关系从句相关联的倾向，从内部小类来看，指量结构前置和后置与主语和宾语关系从句相关联，而数量结构前置和后置都与主语关系从句相关联的；就核心名词的信息地位来看，出现指量结构的关系从句倾向于表达旧信息，而出现数量结构的关系从句倾向于表达新信息；而核心名词的生命性和语篇显著性并没有表现出与某一特定结构相关联的倾向，整体分布中非指人的名词占绝对优势，语篇显著性DM组和NCL组有相反的表现，但不具有统计学上的显著性；最后就关系小句的语篇功能来看，描写性是有标记关系从句的主要功能，NCL组数量标记语序前后分布不影响关系小句功能的表达，两种结构均以表达描写功能为主，而DM组中指量标记前后分布影响关系小句功能的表达，DM＋RC＋NP倾向于表达描写功能，而RC＋DM＋NP倾向表达识别功能。

另外，我们还观察到无论是OMN还是IMN都主要分布在主句宾语位置，其次是主语位置和系词表语位置，再结合关系化的对象，有标记的关系从句在语篇中分布最广的形式是OS。这与Pu(2008)采取"闭合"理论所预测的不相符，Pu根据闭合理论认为主句主语包含关系从句没有中断主句的整个加工，而主句宾语位置上出现关系从句将中断主句的整个加工，所以前者是更受欢迎的形式，所以SS/SO>OS/OO更容易更快地进行加工处理。而根据"标记"理论，包含主语关系从句要比包含宾语关系从句更容易更快地加工，即SS/OS>SO/OO。Pu(2008)又强调分离式即指数量标记前置于关系从句，无论核心名词充当主句何种成分，这种结构都是中断主句加工的形式。但是在实际语篇中大量出现的恰恰是前置式(IMN)而不是后置式(OMN)。我们认为这与前置式指数量成分的“标记功能”密不可分，这与唐正大（2005）“尽早 NP”的观点一致。

我们将综合这些观点对汉语书面叙事语体中有标记的关系从句优势分布类型作出解释：指数量标记的关系从句大都以主语关系从句的形式出现在主句宾语位置上，一方面符合 Keenan & Comrie（1977）的“名词性短语可及性等级”，即主语关系从句是关系化比例最高的关系从句类型；另一方面带指数量标记的关系从句多以内嵌的形式出现在主句宾语位置，虽然关系从句中指数量标记前置会中断主句加工，但是指数量标记也起着预示核心名词的作用，所以在书面叙事语篇中，两者相结合呈现出 OS 的分布优势。

7.6　“一＋量”结构的指称管理功能

7.6.1　“一＋量”的分布优势

据表 7.3 可知汉语关系从句指数量标记的分布存在以下两个特点：

首先，无标记的关系从句显著多于有标记的关系从句，前者共 528 例，占 56.4%；后者共 409 例，占 43.6%（$\chi^2_{(1,N=937)}=15.113$，$p<.000$）。这与 Pu（2008）的假设基本吻合，即在实际语篇中，无标记形式要多于有标记形式。

其次，在有标记的关系从句中，数量结构显著多于指量结构，前者共 162 例，后者仅为 61 例（$\chi^2_{(1,N=223)}=45.744$，$p<.000$）。数量结构中“一＋量”占绝对优势，共 134 例，占有标记总数的 32.8%。标记位置表现出强烈的前置倾向，“一＋量”前置为 115 例，后置仅为 17 例，另有中置 2 例。

在本书采用的叙事语体中，“一＋量”是关系从句中出现最频繁的标记形式，无论是前置式还是后置式，“一＋量”都是分布最广的。Ming & Chen（2010）讨论的数量结构只限于数词是“一”，我们的统计结果为其补充了相应的语篇分布依据，即“一＋量”是出现最多的数量标记，也是整个标记形式中出现频率最高的。为什么“一＋量”结构会有如此高的出现频率呢？我们尝试从语篇功能的角度给出解释。

跨语言研究表明，“一＋量”在众多的语言中具有特殊性。汉语“一＋量”由于数词“一”的泛化和量词功能的不确定性，是汉语研究的难点。目前对汉语该语言现象的研究主要局限于简单结构①，至于该结构在关系从句这类复杂结构中的分布与功能未引起学界的充分关注，基于简单结构的研究成果是否适用于复杂结构值得进一步的探讨。

我们以跨语言的量词指称管理功能为分析框架，结合真实的语料来考察汉语“一＋量”结构在关系从句中的分布与功能，并与其在简单结构中的分布与功能进行对比，从而说明两类结构中量词使用的差异性。

指称管理（reference management）的概念由 Contini-Morava & Kilarski（2013：283、293）在分析跨语言名量词的语篇功能时提出，认为名量词与所标记名词的指称性、有定性、具体性、话题性、语篇显著性、前后景等有密切的联系。指称管理是一个比较宽泛的概念，几乎可以囊括名量词所有的语篇功能，本章主要研究指称类型、首指和续指、语篇延续性和生命性四个方面的内容。

7.6.2　相关研究背景

1）“一＋量”结构的研究

目前对于“一＋量”语言现象的研究多基于简单结构。学界普遍认同汉语中的“一＋量”结构最接近不定冠词的功能（如 Chen 2003；吕叔湘 1984；刘丹青 2002；白鸽 2014）。

Chen（2003）提出“一＋量”在简单结构中的六种用法，即表数

---

① 简单结构即数量词直接修饰名词的类型，如：一根拐杖、一架飞机等。

量、表存现、引入无定实指、引入无定虚指、引入无指以及有定所指六种用法，已完成语法化的历程实现不定冠词的功能。Chen指出不同理论背景的学者似乎都同意把“一＋量”视作汉语中最接近不定冠词的标记，他引用 Heine(1997)的观点，即数词“一”通过语法化的历程成为真正的语法化标记“不定冠词”需要经历五个阶段，这五个阶段为：1)表达数量，2)表示存现的用法，3)引入无定实指；4)引入无定虚指，5)引入无指。英语中的不定冠词“a”分别具备这五种用法，已通过语法化历程成为不定冠词；而汉语中“一＋量”也同样具有这五种用法（以下用例改编引自 Chen 2003：1171)：

(14) a. 表达数量

这件事不难办，我只要一个钟头就够了。

b. 表示存现

一架飞机从我们头上飞了过去。

c. 引入无定实指

他去年买了（一）幢房子。

d. 引入无定虚指

她想买（一）幢房子，什么房子都行。

e. 引入无指

他是（一）个买卖人。

“一＋量”可以继续语法化，最显著的就是语音上的简化，如“一”的省略，在表达无定或无指时，“一”经常省略，如(14c-e)，量词可以单独起着无定冠词的作用。方梅(2002)认为在现代北京话里已经出现了一种省“个(量)”留“一”的用法，专门用在名词前，“一”后没有量词同现，如：一狮子、一熟人、一老外、一耗子。这种用法中的“一”不同于真正的表数量的“一”，已经虚化为不定冠词。所以在上述五个语法化阶段之外，“一＋量”还可以出现省略“一”或“量”的语法化现象，甚至还包括 Chen(2003)所讨论的

“一＋量”用于引入有定所指的情况，如(以下用例改编引自 Chen 2003：1173)：

(15) a. 当下吓得(一)个张三目瞪口呆。

b. 他前年死了个爹，去年又死了个娘。

c. 他把一个皮包丢了。

通过“一＋量”引入语篇的有定所指包括两种类型：一种是专有名词或者类似专有名词用法的表示亲属关系的名词，如(15a-b)；另一类是通过“把”引入的处于动词前特殊位置的普通名词，如例(15c)。这两类由“一＋量”引入的名词所指都是有定的、唯一的。“一＋量”用于这类有定所指的作用就是以背景化的机制标记实体的低话题性，不太可能在后续语篇中再次提及。“一＋量”用于有定所指是和上述五个语法化阶段中语义的弱化、语音的脱落是相类似的，也可看作是其语法化的一个阶段。

关系从句是典型的复杂结构。一些学者围绕汉语关系从句中的量词结构开展相关研究，大多考察“指＋量”结构(如 Ming 2010; Chen et al. 2015；唐正大 2007；盛亚南、吴芙芸 2013；吴芙芸、盛亚南 2014a, 2014b；吴芙芸、吕骏 2016)，或包含数量结构和指量结构(如 Pu 2008；吴芙芸 2011b；李金满 2013)，针对“一＋量”结构在关系从句中的分布仅见 Ming & Chen(2010)。该文囿于“指＋量”结构的研究思路，来探讨“一＋量”与关系小句的语序问题，未涉及此结构本身的语篇功能。

综上，目前汉语“一＋量”在关系从句中的研究非常薄弱，在关系从句中该结构具有哪些用法，各用法是如何分布的，与简单结构是否存在区别，还未见到相关研究报告。而且更值得注意的是，已有的研究或局限于简单结构，或局限于关系从句，忽视了两者之间的联系与对立，简单结构和复杂结构的差异未引起学界的充分关注。所以，我们将对比该结构在关系从句和简单结构中的分布与功能，从而探讨量词类型选用的功能动因。

2）量词的类型与功能

汉语的量词可分为度量词（quantifiers/measure words）和分类词（classifiers）两大类（方环海、沈玲 2016）。度量词具有跨语言的共性，而分类词则局限于某些语言，体现了语言之间的差异性。但一些学者（如 Huang2013）提出，度量词和分类词这种对量词二分的方法不能穷尽汉语量词的类型，这种划分是基于实体名词而提出的，不适用于抽象名词。

Erbaugh（1986，2002，2006）、Bisang（1999）与西门幻、梁兆兵（1994）等根据汉语量词的使用范围或形成途径，提出了通用量词（general classifiers）和专用量词（special classifiers/normal classifiers）的分类。专用量词基于语义实现对名词的个体化功能；而通用量词则可以替换专用量词，能个体化数量更多的对象，甚至包括一种语言所有可计数的名词（Bisang 1999：134）。

本书将采用通用量词和专用量词这组术语。专用量词就是分类词，通用量词是除分类词以外的所有量词。

目前学界主要围绕专用量词的语义语篇功能展开讨论，较少涉及通用量词的相关功能。研究对象主要基于简单结构，对复杂结构中量词的研究非常有限。

Erbaugh（1986）较早提出汉语专用量词和通用量词的差别，专用量词典型标记首次提及的新事物，倾向用于无定所指。一旦所指确立，续指往往采用通用量词或者无需量词的结构。西门幻、梁兆兵（1994）认为所有的语言都有手段来区分话语中所指的引入和指称的延续，汉语专用量词和通用量词也具有这种标记功能，即首指常常使用专用量词而不是通用量词，续指则倾向于不用量词或者采用通用量词。这两项研究都是基于简单结构的调查，仅关注首指和续指两个语篇因素。

然而，还有哪些语篇因素会影响两者的分布？基于简单结构的观察是否与复杂结构一致？对此问题鲜有文献涉及。以下是仅有的几项关于专用量词语篇功能的研究：

Sun(1988)基于简单结构提出“主题重要性”原则决定专用量词的使用，即重要的语篇实体常常与数量词共现，而不重要的语篇实体则相反。Li(2000)提出了专用量词的语篇显著性/前景化假设。该假设与 Sun(1988)不同，专用量词的使用与所修饰的名词短语的语篇显著性有密切的联系，但并不一定表现为语篇主题。Li 的研究包含了简单结构和复杂结构。Pu(2008)基于复杂结构，提出与 Sun(1988)和 Li(2000)相反的观点，认为在汉语关系从句中，量词的语篇功能有所减弱。因为关系小句在复杂结构中为核心名词提供和/或强调进一步的信息，这样就减少并消除了量词在简单结构中通常所承担的功能。Pu(2008)并没有明确区分量词的类型，实际包含了通用量词和专用量词。

通过比较以上三项研究，我们初步推断量词在简单结构和复杂结构中很可能具有不同的语篇功能。量词类型在复杂结构中的选用机制和语篇功能值得进一步探讨。

7.6.3 “一十量”结构引入的指称类型

本研究较全面考察了“一十量”在关系从句中的用法，并与其在简单结构中的用法进行了对比，统计结果见表 7.13。

“一十量”结构在关系从句中同样具有其在简单结构中的六种用法，用法最多的是引入无定实指，占到 42.5%；其次是引入无指的用法，占 18.7%。与简单结构相比，不同之处主要体现在无定虚指的用法有所减少。

无定虚指是个虚泛的概念(陈平 1987)，所指对象属于某个集合中的任何一个成员，不是某个在语境中实际存在的具体实体，常见于未然或否定的句子。其所指对象在语篇中往往不起重要的作用，较少受到关系小句的修饰，更多地采用简单形式。

表 7.13　“一＋量”结构引入的指称类型

“一＋量”的用法	关系从句		简单结构①	
	数量	比例	数量	比例
表数量	20	14.9%	54	13.5%
表存现	12	9.0%	37	9.3%
引入无定实指	57	42.5%	129	32.3%
引入无定虚指	12	9.0%	106	26.6%
引入无指	25	18.7%	72	18.0%
引入有定所指	8	6.0%	1	0.3%
共计	134	100.0%	399	100.0%

Li(2000)着力区分数量词在有指和无指名词性短语中不同的前景化机制。在有指名词性短语中，“一＋量”结构引入具体的语篇参与者或实体；而在无指名词性短语中，则强调相关特征或强调相应的类别。本文认为，汉语“一＋量”结构在关系从句中主要引入无定实指和无指核心名词，能满足叙事语体不同的功能要求：一方面通过“一＋量”结构引入主要的人物、实体，不断推动事件的进展；另一方面通过此结构突出关系小句所表达的相应特征，对相关人物、实体等做出具体的描写，以增强行文的生动性。如：

(16) 在她学戏的时候，她曾经捧过一位 t 由票友而下海的女伶—粉妆楼。(p.23)

(17) 两个妇人来了，两人捧着一个用洁白的白布包着 t 的小四方盒。(p.134)

① 这里的简单结构仅限于“(一)＋量＋名”结构，即核心名词只受到“(一)＋量”的修饰，不含有“的”字。具有其他修饰限定成分的结构均排除在外，如：“一床被子”和“一床旧被子”、“旧的一床被子”，前者计入统计，后两者“被子”除了受到“一床”的修饰外，还受到形容词“旧”的修饰，均不计入统计；量词只限于名量词，排除动量词以及离合词构成的分离形式，如“洗一个澡”。

(18) 她明白，自己是一朵t快要萎谢的花儿，穿衣服、描眉抹红，都需要加倍细心。(p. 213)

(19) 一开门，她看见了一个t像刚由蒸锅里拿出来的大馒头。那是丁约翰的头。(p. 196)

例(16)—(17)中"一+量"结构引入无定实指核心名词，均是语篇中客观存在的人物或事物。例(18)—(19)中引入的是无指核心名词，语篇中并不存在"花儿"和"大馒头"，通过"一+量"只是强调相关的特征"快要萎谢的"和"像刚由蒸锅里拿出来的"，这样有助于增强行文的生动性，长篇叙事语体往往需要更多的描写手段。

综上，在引入的指称类型方面，"一+量"在复杂结构中主要引入无定实指和无指，符合叙事语体的功能要求，与简单结构中主要用于无定实指和虚指有所不同。

7.6.4 量词类型与指称管理

1) "一+量"结构中量词的类型分布

结合 Erbaugh(1986, 2002, 2006)、田意民等(2002)以及相关词典对量词类型的分析说明[①]，我们对"一+量"结构中的量词进行了逐个区分，统计情况如下：

表 7.14 "一+量"结构中的两种量词类型

类型	量词用例	合计
通用量词	个 20；些 19；种 10；点 8；股(子)4；阵 3；身 3；群 2；套 2；件 2；锅 1；家 1；顿 1；队 1；桩 1；绺儿 1；份 1；口 1；溜 1；双 1；	83(61.9%)
专用量词	个 16；条 8；张 4；件 3；位 3；根 3；朵 2；只 2；首 1；所 1；列 1；座 1；株 1；块 1；间 1；棵 1；把 1；句 1；	51(38.1%)

① 对个别有疑问的量词，我们参考了以下两本词典的相关说明：(1)由郭先珍著、语文出版社 2002 年出版的《现代汉语量词用法词典》；(2)由何平主编、山东大学出版社 1991 年出版的《现代汉语常用量词词典》。

从表 7.14 可知，在关系从句中，通用量词的数量显著多于专用量词（$\chi^2_{(1,N=134)}=7.642$，$p<.006$）。据 Erbaugh（1986，2002）的调查，相对其他语体，在正式的叙事语篇中专用量词的比例最高。本书采用书面叙事语体，但专用量词仍处于低频状态。

关系从句是低可及性标识语（Ariel 1996），其核心名词对于听读者来说是较难提取的。专用量词常用于新事物，特别用于对听读者来说是不熟悉的实体；通用量词则相反，用于已知实体。那么为什么在关系从句中两类量词有着迥异的表现呢？

首先，复杂结构不同于简单结构。基于简单结构，专用量词靠近核心名词；而在复杂结构中，“一＋量”以前置为倾向，构成“一＋量＋关系小句＋核心名词”的结构，主要依靠关系小句提供丰富的信息，帮助识别核心名词，从而降低了或限制了“一＋专量”在简单结构中具有的功能（Pu 2008）。其次，陶红印（2002：55）认为关系从句在叙事语体中有一个相对统一的功能：关系从句是对当前叙事发展有重要意义的名词性成分提供铺垫信息。这是简单结构所不具备的功能。已经出现的状态或持续固有的状态比较适合充当关系小句。通用量词标记已知性或听说双方的共享性，更适用于关系从句结构，分布更广。

2）量词类型与指称类型

表 7.15　量词类型与引入的指称类型

用法	通用		专用		合计
	数量	比例	数量	比例	
表数量	10	50.0%	10	50.0%	20
表存现	6	50.0%	6	50.0%	12
引入无定实指	40	70.2%	17	29.8%	57
引入无定虚指	8	66.7%	4	33.3%	12

续 表

用法	通用		专用		合计
	数量	比例	数量	比例	
引入无指	13	52.0%	12	48.0%	25
引入有定所指	6	75.0%	2	25.0%	8

首先,从量词类型看引入的指称类型。据表7.15,通用量词和专用量词并没有太大的差异,均主要用于无定实指和无指,这与"一+量"结构的总体分布情况一致。

其次,从指称类型来看量词类型的选用。发现:表数量、存现和无指的用法时,两类量词比例接近;表无定所指(包括实指和虚指)和有定所指时,倾向于采用通用量词。

无定所指是引入新事物的标记。为何多采用通用量词而不是专用量词?首先,仍然是简单结构和复杂结构的差异。Erbaugh(2002)指出,在简单结构中,专用量词主要用于无定具体的所指,量词的选用可以直接表明事物的信息性。但在关系从句中,关系小句提供丰富的信息,无需通过专用量词标识核心名词的类型,只需通过通用量词标记即将到来的是一个名词性短语,有利于听读者加工理解(Pu 2008);其次,"一+通量"较之"一+专量"更易于满足名词得以计数的个体化功能。Contini-Morava & Kilarski(2013: 285)指出,虽然数量词的使用与引入新的语篇参与者有密切的关系,但事实上是数量词通过特定的句法结构使相关名词得以计数①,而不是仅仅通过量词实现"个体化"的功能。另外,通用量词能代替专用量词实现对相关实体名词的个体化功能,适用范围更广,还包括抽象名词(详见4)量词类型与生命性因素)。

① 57例无定实指有43例出现在主句宾语位置。

无定虚指往往用于非现实的表达(Chen 2003)。12 例中有 9 例均用于非现实的情态,主句主语多为“想”、“希望”、“以为”、“觉得”,倾向于采用通用量词。

有定所指采用通用量词的比例最高,占 75%。有定所指在语料库中主要用于续指,即指称语篇中已经提及的实体,如例(20)的“高第”。通用量词往往用于再次提及的事物,这与简单结构的调查一致。

(20) 她的鼻眼还和从前一样,但是她好象浑身上下全变了,变成了一个他所不认识 t 的高第。(p. 172)

3) 量词类型与首指/续指、语篇延续性

表 7.16 量词类型与首指/续指、语篇延续性

指称管理	通用		专用	
	数量	比例/均值	数量	比例/均值
首指	57	57.0%	43	43.0%
续指	26	76.5%	8	23.5%
再现率	20	24.1%	19	37.3%
延续性总数	64	3.2	34	1.7895

据表 7.16 可知,“一+量”结构标记的关系从句倾向于首指,占总数 74.6%,续指只占 25.4%。首指两类量词的分布并无显著性差异($\chi^2_{(1,N=100)}=1.960$, $p>.05$),但续指倾向于采用通用量词($\chi^2_{(1,N=34)}=9.529$, $p<.002$)。

从再现率来看,通用量词和专用量词之间并没有显著性的差异($F_{(1,132)}=2.664$, $P>.05$)。但通用量词延续性均值显著高于专用量词($F_{(1,37)}=6.873$, $P<0.013$),也就是说,在语篇延续性方面,专用量词不如通用量词引导的核心名词,通用量词标记的核心名词在后续十个小句中提及的次数更多。

基于简单结构的调查表明，首指和续指将影响汉语专用量词和通用量词的选用，首指倾向于采用专用量词，续指则用通用量词或者不用量词（Erbaugh 1986，2006；Bisang 1999）。但在汉语关系从句中，首指并不影响两类量词的选用，而续指仍然倾向于采用通用量词；在语篇延续性方面，通用量词具有明显的优势，具有较高话题性的名词常采用通用量词。

4）量词类型与生命性因素

表 7.17　从生命性因素看量词类型

类型	通用		专用		合计
	数量	比例	数量	比例	
实体名词	50	50.0%	50	50.0%	100
抽象名词	33	97.1%	1	2.9%	34

量词类型与生命性因素密切相关。Bisang（1999）援引 Adams & Conklin（1973）的观点，认为［±有生］和［±人］几乎是划分量词系统的首个普遍性的区分标准。Huang（2013）按照［±人］来考察叙事语体和对话语体中汉语量词的语义角色分布。虽然汉语有“位、员”等作为专用量词修饰人，但并没有发展出严格区分人与事物的量词系统，所以本书从实体名词和抽象名词来观察通用量词和专用量词的分布。

基于简单结构的研究，普遍认为专用量词用于实体名词，通用量词则起到补充和代替的功能（Aikhenvald 2000：335），如用于抽象名词，但对于两者的实际分布并未做出具体的说明。据表 7.17 可知，在汉语叙事语体中，“一＋量”结构引导的核心名词大多为实体名词，其中通用量词既用于实体名词也用于抽象名词，专用量词几乎只标记实体名词。

综上，在指称管理方面，虽然在关系从句中通用量词仍用于续指，但专用量词在标记首指、无定实指和实体名词方面不存在任何优势，基于简单结构所得出的专用量词的倾向性在复杂结构中不复存在。通用量词在引入无定、有定所指、标记语篇延续性和抽象名词方面具有明显的优势。

7.6.5　理论解释与讨论

上文重点考察了汉语“一＋量”在关系从句的指称管理功能，并与之在简单结构中的相应表现进行对比。本书将基于篇章功能视角，从量词功能与关系小句功能的互动制约来对上述现象作出进一步的解释：

1）专用量词不同于通用量词。专用量词具有标记/突出核心名词语义的作用，而通用量词并不对核心名词的类型做出语义上的约束，无法提供分类信息，只是标记即将到来的是一个名词性成分。

2）复杂结构不同于简单结构。简单结构中专用量词直接靠近核心名词，独立承担标记名词的语义语篇功能；而在具有复杂结构的汉语关系从句中，量词倾向于前置远离核心名词，关系小句提供大量的信息，从而降低了量词标记名词的功能，尤其限制了专用量词的作用，导致其在简单结构中的优势不复存在；而通用量词语义泛化，只是标记即将到来是一个名词性成分，在汉语关系从句中具有更为广阔的分布。

篇章语言学强调对真实语料的调查与分析。借助叙事语体和语料库，我们发现：“一＋量”是汉语关系从句的优势标记，数量远多于“指＋量”，而目前汉语关系从句的研究热点却是后者。加之学界对“一＋量”的研究主要基于简单结构，很少涉及复杂结构。所以，本文注重该结构和关系从句的有机结合，细化研究对象，验证了前人对“一＋量”的用法及量词选用机制的研究成果，揭示了简单结构与复杂结构的联系与差异，从而拓展了汉语量词和关系从句的研究范围和研究深度，同时也反哺和丰富语言类型学的研究成果。

从类型学的角度研究量词源于上世纪70年代，其中不乏对汉语的关注，如Biang(1999)、Aikhenvald(2000)，但这些研究虽然发现了量词的一些重要功能，但比较零散，缺乏体系。Contini-Morava & Kilarski(2013)试图从语义和语篇两个维度来建立跨语言的名词性分类系统的基本功能框架①，其中语篇功能的探讨特别适用于标记可选的语言类型，如日语、马来语、缅甸语和汉语等，语篇因素决定量词的隐现和类型。本书从指称类型、首指和续指、语篇延续性和生命性四个方面进一步完善和丰富汉语量词的语篇功能框架，充分关注量词选用的语篇因素，具有较强的操作性和普适性。

量词是语言类型学，特别是功能类型学的重要课题。复杂结构较之简单结构自有其独有的研究价值，需借助对篇章功能的考察才能清楚地说明两者之间的对立(陶红印 2002)。本研究基于叙事语篇，较细致地对比"一+量"在简单结构和复杂结构中的指称管理功能，有助于我们对量词语篇功能的全面了解，也有助于对汉语关系从句这一复杂结构的深入研究。汉语量词的分布特点、选用机制、语义功能、语篇功能等问题探讨，还需要更多的基于语篇的实证研究以及心理语言学等实证研究。

7.7 小结

本章从语篇功能的角度对汉语关系从句的指数量标记进行全面的考察并提出相应的解释。在汉语关系从句中，无标记形式要多于有标记形式，而且指数量标记具有前置倾向，标记内部类型在分布上也存在差异性，"一+量"分布最广。

首先，讨论指数量标记的有无对立。在汉语书面叙事语体

① 名词性分类系统包含名词分类标记(noun classes)和量词两大系统。

中，无标记的关系从句明显要多于有标记的关系从句，指数量标记的出现与核心名词的前景化功能密切相关。有标记的关系从句核心名词要比无标记关系从句核心名词有更高的语篇显著性，我们从核心名词的前置修饰语的数量和语篇延续性两个方面得以验证，统计结果支持指数量标记“前景化”功能假设。

其次，讨论指数量标记的前后对立。我们从关系化对象、核心名词的信息地位、生命性、语篇显著性以及关系小句的语篇功能等五个方面来说明 OMN 和 IMN 两种结构的差异性。从关系化的对象看，IMN 表现出与主语关系从句相关联，而 OMN 没有表现出与宾语关系从句相关联的倾向，指量结构前置与主语关系从句相关联，而指量结构后置则与宾语关系从句相关联，而数量结构前置和后置都与主语关系从句相关联；就核心名词的信息地位来看，出现指量结构的关系从句倾向于表达旧信息，而出现数量结构的关系从句倾向于表达新信息；而核心名词的生命性和语篇显著性并没有表现出与某一特定结构相关联的倾向，整体分布中非指人的名词占绝对优势，语篇显著性方面，DM 组和 NCL 组有相反的表现，但不具有统计学上的显著性；最后从关系小句的语篇功能来看，描写性是有标记关系从句的主要功能，NCL 组数量标记语序前后分布不影响关系小句功能的表达，两种结构均以表达描写功能为主，而 DM 组中指量标记前后分布影响关系小句功能的表达，指量标记前置倾向于表达描写功能，而后置倾向表达识别功能。

最后，讨论指数量标记的内部小类。在书面汉语关系从句中，“一＋量”是出现最频繁的标记形式，无论是前置式还是后置式，“一＋量”都是分布最广的。我们基于篇章语言学的观点，采用书面叙事语体，自建语料库，从指称管理的角度考察汉语“一＋量”结构在关系从句中的分布与功能，并与简单结构中的分布与功能进行对比。研究发现：1)“一＋量”结构引导的核心名词主要为无定实指和无指；2）专用量词和通用量词在关系从句中的分布与在简单结构中的分布有所不同，专用量词和通用量词在标记首指和实体名词方面并无显著性差异，通用量词在引入无定、有定所指、标记语篇延续性和抽象名词方面具有明显的优势。以上发现说明量词在复杂结构中的指称管理功能不同于其在简单结构中的功能，从而影响量词类型的选用。

第八章 结论

8.0 引言

本书以功能主义的语法观为指导，以篇章语法为研究框架，对汉语书面叙事语体中关系从句的语篇功能进行了考察。本书从已有的类型学研究成果出发，通过汉语关系从句来验证影响最大的AH假设和基于关系从句语篇功能而提出的“通格假设”，认为通格假设较之AH假设能更好地解释汉语关系从句的相关现象。优先论元结构揭示了语法和语篇的互动关系，通过汉语关系从句对优先论元结构的验证，发现汉语书面叙事语体中S-RC和O-RC基本遵循PAS，而A-RC严重违背PAS，语体是重要的影响因素。验证和发展国外相关理论和假设的最终目的是加强本土化研究。我们根据汉语自身的特点，考察汉语关系从句的谓词类型，即及物动词、不及物动词以及形容词构成的关系小句在句法语义表现和语篇分布方面呈现出不同的特点，为划分汉语关系从句的范围提供了事实依据；从类指、单指和无指角度对汉语关系从句核心名词的分类，进一步了解了汉语关系从句在前后景和叙述描写功能表达上的分工和差异；最后全面考察指数量标记在汉语关系从句中的分布情况，讨论指数量标记有无的对立，前后顺序的对立以及优势标记类型“一+量”结构的语篇功能。本章将从研究发现、存在的不足和今后的研究方向这三个方面对全书进行总结。

8.1 研究发现

关系从句是典型的复杂结构，是语言研究中的一个重要课题，因而吸引了大量不同角度的研究。而汉语传统语法长期缺乏“关系从句”的概念，关系从句这类现象通常被看成是偏正结构的一种类型，即一种复杂的名词性偏正结构。20 世纪 80 年代随着当代类型学的研究理念和研究方法不断引入我国，一些学者从语言共性的角度，来重新审视这一普遍性的语言现象，才明确提出“关系从句”的概念。“关系从句”是源于印欧语的概念，如何立足汉语自身的特点来加强汉语关系从句的研究，这是本书研究的出发点。

国外关于关系从句有丰富的研究成果，特别是类型学的研究成果，是本书研究的起点和基础，我们要充分利用已有的研究成果，才能少走弯路，才能更加有效地推动汉语关系从句的研究。在验证已有的类型学假设方面，本书做了两项研究：一是对 AH 假设和通格假设的验证；二是对优先论元结构假设的验证。

基于汉语关系从句对 AH 假设和通格假设的验证，我们发现从频率分析的角度 AH 假设和通格假设并不是互相排斥的，AH 假设和通格假设在汉语书面关系从句中均得到了支持。但是通格假设从语篇功能的视角提出不及物主语和直接宾语共同占据可及性等级最左端的位置，为汉语关系从句的主宾语加工优势之争提供了合理解释，而且有定和无定核心名词构成的关系从句在语篇中发挥不同的表达功能，再加之汉语不及物动词带宾语，受事主语句这些现象的存在，使通格假设具有更强、更普遍的解释力，而 AH 假设则具有一定的局限性。

优先论元结构强调语法和语篇的互动关系，而且该假设在信息压力较大的语境中才能更好地发挥其预期功能，所以书面叙事语体是比较理想的检验材料，研究发现 S-RC 和 O-RC 均遵守 PAS 的制约，但是 A-RC 严重违背 PAS 的制约，再次说明了语体差异对语法现象的影响。本书强调语法研究的语体意识，本书的研究发现是针对汉语书面叙事语体中关系从句的表现和规律。

在验证优先论元结构的基础上，本书讨论了 S-RC、O-RC 和 A-RC 各自的语篇功能，而且结合生命性、信息地位等因素，发现：汉语关系从句倾向于分布在主句宾语位置，当核心名词为新信息、非指人时这种倾向会变得更加明显；指人核心名词多与 A-RC 相联系，OA 是指人核心名词在语篇中的优势分布类型；非指人核心名词多与 O-RC 相联系，OO 是非指人核心名词在语篇中的优势分布类型；核心名词的生命性、信息地位、关系从句的语篇功能以及语体因素都会在一定程度上影响关系从句的语篇分布。

验证和发展已有理论假设的最终目的是为了更好地研究汉语关系从句。本书从谓词类型、核心名词的指称类型以及指数量标记入手来研究汉语关系从句。考察汉语关系从句的谓词类型是为了明确汉语关系从句的范围，研究发现：从数量上来看，及物动词和形容词不相上下，两者都远多于不及物动词；从句法表现形式上看，及物动词和不及物动词均倾向于采用复杂形式，而半数形容词采用复杂形式；从事件谓语和属性谓语的角度，形容词和及物/不及物动词有不同表现，所以不能简单地把形容词剔除在汉语关系从句的范围之外。该项研究为汉语关系从句范围的划定提供了可参考的事实依据。

关于核心名词的指称类型，本书未采用有定和无定的区分方法，因为有定性因素能较好地解释英语关系从句现象，但不适合汉语关系从句的分析，而采用有指和无指，类指和单指的概念，把汉语关系从句的核心名词分为类指、单指和无指三种类型，发现：

这三种类型在前景和后景功能、叙述和描写功能上有不同的分工，在主句分布上体现为集中在宾语位置，而且主句主宾语位置多与单指关系从句相联系，PN位置主要与无指关系从句相联系。

关于指数量标记的使用，我们发现：有标记的关系从句核心名词要比无标记关系从句核心名词有更高的语篇显著性，统计结果支持指数量标记“前景化”功能假设；指数量标记具有前置倾向，关系化的对象和关系小句的语篇功能在一定程度上影响指数量标记的前后分布，而生命性因素、核心名词的信息地位以及语篇显著性并不影响指数量标记的前后分布，而且指数量标记内部，即指量结构和数量结构前后分布也存在一定的差异性；标记内部“一＋量”分布最广，这些现象都可以从语篇功能的角度作出相应的解释。

本书从语篇功能的视角来研究汉语书面叙事语体中关系从句的表现和规律，关注汉语关系从句本身的理论体系建设，同时又是一项基于真实语料的实证研究，具有一定的理论价值和应用价值。

理论价值表现在：第一，从语篇功能的视角来考察汉语关系从句，寻找句法现象背后的语篇动因，是迄今为止为数不多的对汉语关系从句较为系统的研究。第二，完善汉语关系从句的理论体系建设，厘清汉语关系从句的范围，探讨汉语关系从句的语篇功能和语篇分布，为该课题的进一步研究打下基础。第三，高度重视汉语关系从句置身于世界范围的独特性，丰富类型学的研究成果。

应用价值体现在：第一，有利于实证研究的开展。目前国内外基于汉语关系从句开展的有关句子加工的实证研究，由于语料的非真实性，在一定程度上影响实证研究的结果，而且受实验条件所限，多为单一变量的考察，考察的对象主要局限于主语和宾语关系从句。本课题强调语料的真实性，归纳的结论有助于验证已有的实证成果以及开展进一步的实证研究。第二,有利于对外汉语教学。汉语是世界上罕见的结合了SVO语序和核心词后置的语言,如何结合汉语关系从句自身的特点编写教材、进行课堂教学、分析偏误等,本研究提供了可借鉴的成果。

8.2　存在的不足和进一步研究方向

关系从句是一种复杂的语言现象,本书从语篇功能的角度研究汉语书面叙事语体中的关系从句。这种探索具有重要的理论和应用价值,但行文中存在一定的局限之处和值得进一步改进的地方:

1）本书所采用的语料是汉语书面叙事语体,所得出的结论也是基于这类语体的研究。在两个语料库的使用上,我们虽然对两部作品的关系从句都进行了穷尽性地统计,但是由于精力和时间所限,对《饥荒》进行了25项标注(见第一章1.4.1),而对《爸》的标注只有15项。对汉语关系从句的研究,我们是以《饥荒》为主,以《爸》为辅,在行文相关部分已有所交代。所以本书的结论是否适用于其他书面叙事语体还须作大量的实证研究,而且与口语叙事体,口语对话等其他语体的共性和差异有多大,如何解释更需要进一步的探索。

2）本书的研究对象是核心名词在关系小句中有句法位置的必须带"的"的关系从句。在谓词类型的问题上,本书根据研究目的的需要有所选择,如对AH假设和通格假设的验证时,为了更好地对等比较,没有包括形容词作关系小句的情况;在验证优先论元结构假设时也没有包括形容词的情况;但在讨论指数量标记时包括了形容词的情况,这也许会影响研究的结论。在限制性和非限制性问题上,本书行文中一般不加以区分,但在讨论AH假设和通格假设时,同样是为了比较的有效性和对等性,只讨论限制性的情况。可见,关系从句内部的分类是非常复杂的,不同的学者出于不同的研究目的有不同的界定方式和分类方式。此外,本书的讨论主要限于提取核心论元的关系从句类型,对于提取非核心论元的关系从句,如旁语,关注很少,更不用说无核关系从句,还有关系化与话题化、关系化与名词化(nominalization)等问题都是值得进一步研究的课题。关系从句需要语言学界更多的关注。

3) 从研究方法和目标来说,本书主要从篇章语法的角度来研究关系从句。本书的研究结论是倾向性的,而不是规则,只不过在我们考察的语料中确实如此。本书提供了一个研究的视角,即从语篇功能的角度来研究关系从句,这种研究方法如何与形式语法、神经心理实验方法等进行联系和对话,这值得进一步研究和探讨。本书的研究是共时层面的研究,关系从句的语篇功能是如何产生和发展的,还需要从历时层面加强研究。

参考文献

Aikhenvald, A. Y. 2000. *Classifiers: A Typology of Noun Categorization Devices* [M]. Oxford: Oxford University Press.

Andrews, A. D. 2007. Relative clauses [A]. In *Language Typology and Syntactic Description, Vol. II: Complex Constructions* [C], ed. by T. Shopen, 206 - 236. Cambridge: Cambridge University Press.

Aoun, J. & Y.-H. A. Li. 2003. *Essays on the Representational and Derivational Nature of Grammar: The Diversity of Wh-Constructions* [M]. Cambridge, MA: MIT Press.

Ariel, M. 1996. Referring expressions and the +/− coreference distinction [A]. In *Reference and Referent Accessibility* [C], ed. by T. Fretheim & J. K. Gundel, 13 - 35. Amsterdam: Benjamins.

Ashby, W. J. & P. Bentivoglio. 2003. Preferred argument structure across time and space: A comparative diachronic analysis of French and Spanish [A]. In *Preferred Argument Structure: Grammar as Architecture for Function* [C], ed. by J. W. Du Bois, L. E. Kumpf & W. J. Ashby, 61 - 80. Amsterdam: John Benjamins.

Bernardo, R. 1979. The function and content of relative clauses in spontaneous oral narratives [OL]. *Proceedings of the Fifth Annual Meeting of the Berkeley Linguistics Society*, 539 - 551. Online: http://elanguage.net/journals/bls/article/viewFile/2156/2123.

Biber, D., S. Johansson, G. Leech, S. Conrad & E. Finegan. 2000. *Longman Grammar of Spoken and Written English* [M]. Beijing: Foreign Language Teaching and Research Press.

Bisang, W. 1999. Classifiers in east and southeast Asian languages:

Counting and beyond [A]. In *Numeral Types and Changes Worldwide* [C], ed. by J. Gvozdanovic, 113 - 185. Berlin: Mouton de Gruyter.

Chafe, W. & J. Danielewicz. 1987. Properties of spoken and written Language [A]. In *Comprehending Oral and Written Language* [C], ed. by R. Horowitz & S. J. Samuels, 83 - 113. San Diego: Academic Press.

Chafe, W. 1976. Givenness, contrastiveness, definiteness, subjects, topics and point of view [A]. In *Subject and Topic* [C], ed. by C. N. Li, 27 - 55. New York: Academic Press.

Chafe, W. 1987. Cognitive constraints on information flow [A]. In *Coherence and Grounding in Discourse* [C], ed. by R. S. Tomlin, 21 - 51. Amsterdam: John Benjamins.

Chafe, W. 1994. *Discourse Consciousness and Time: The Flow and Displacement of Conscious Experience in Speaking and Writing* [M]. Chicago: The University of Chicago Press.

Chao, Y. R. 1968. *A Grammar of Spoken Chinese* [M]. Berkeley: University of California Press.

Chen, B. G., A. H. Ning, H. Y. Bi & S. Dunlap. 2008. Chinese subject-relative clauses are more difficult to process than the object-relative clauses [J]. *Acta Psychologica* 129: 61 - 65.

Chen, L., T. Ming & X. Y. Jiang. 2015. The relevance of the principle of relevance for word order variation in complex referring expressions in Mandarin Chinese [J]. *Lodz Papers in Pragmatics* 11: 77 - 104.

Chen, S.-C. S. 1997. *A Discourse Analysis of Relative Clauses in Spoken Chinese: A Study Based on Grammatical Reflexes and Information Structure* [D]. Unpublished Master's Thesis. Taipei: National Taiwan University.

Chen, P. 2003. Indefinite determiner introducing definite referent: A special use of 'yi'one'+classifier' in Chinese [J]. *Lingua* 113: 1169 - 1184.

Cheng, L. L.-S. & R. Sybesma. 1999. Bare and not-so-bare nouns and the structure of NP [J]. *Linguistic Inquiry* 30: 509 - 542.

Cheng, L. L.-S. & R. Sybesma. 2006. A Chinese relative [A]. In *Organizing Grammar: Linguistic Studies in Honor of Henk van Riemsdijk* [C], ed. by H. Broekhuis, N. Corver, R. Huybregts, U. Kleinhenz & J. Koster, 69 - 76. Berlin: Mouton de Gruyter.

Chierchia, G. 1995. Individual-level predicates as inherent generics [A]. In *The Generic Book* [C], ed. by G. N. Carlson & F. J. Pelletier, 176 - 223. Chicago: The University of Chicago Press.

Chui, K.-W. 1992. Preferred argument structure for discourse understanding [A]. *Proceedings of the* 14*th Conference on Computational Linguistics* (COLING 92), Vol. 4, 1142 - 1146. Stroudsburg, PA: Association for Computational Linguistics.

Comrie, B. 1998. Attributive clauses in Asian languages: Towards an areal typology [A]. In *Sprache in Raum und Zeit: In Memoriam Johannes Bechert Band 2* [C], ed. by W. Boeder, C. Schroeder, K. H. Wagner & W. Wildgen, 51 - 60. Tübingen: Gunter Narr.

Comrie, B. 2002. Typology and language acquisition: The case of relative clauses [A]. In *Typology and Second language Acquisition* [C], ed. by A. G. Ramat, 19 - 38. Berlin: Mouton de Gruyter.

Contini-Morava, E. & M. Kilarski. 2013. Functions of nominal classification [J]. *Language Sciences* 40: 263 - 299.

Croft, W. 2009. *Radical Construction Grammar—Syntactic Theory in Typological Perspective* [M]. 北京：世界图书出版公司.

De Vries, M. 2002. *The Syntax of Relativization* [M]. Utrecht: LOT.

Del Gobbo, F. 2003. *Appositives at the Interface* [D]. The PhD Dissertation of University of California. California CA: Irvine.

Del Gobbo, F. 2005. Chinese relative clauses: Restrictive, descriptive or appositive? [A]. In *Contributions to the XXX Incontro di Grammatica Generativa* [C], ed. by L. Brugè, G. Giusti, N. Munaro, W. Schweikert & G. Turano, 287 - 305. Venezia: Cafoscarina.

Dixon, R. M. W. 1979. Ergativity [J]. *Language* 55: 59 - 138.

Dixon, R. M. W. 2004. Adjective classes in typological perspective [A]. In *Adjective Classes: A Cross-linguistic Typology* [C], ed. by R. M. W. Dixon & A. Y. Aikhenvald, 1 - 49. Oxford: Oxford University Press.

Downing, B. 1978. Some universals of relative clause structure [A]. In *Universals of Human Language, Vol. 4. Syntax* [C], ed. by J. H. Greenberg, 375 - 418. Stanford, California: Stanford University Press.

Dryer, M. S. 1992. The Greenbergian word order correlations [J]. *Language* 68: 81 - 138.

Dryer, M. S. 2003. Word order in Sino-Tibetan languages from a typological and geographical perspective [A]. In *The Sino-Tibetan Languages* [C], ed. by G. Thurgood & R. J. Lapolla, 43 - 55. London: Routledge.

Du Bois, J. W. 1980. Beyond definiteness: The trace of identity in discourse [A]. In *The Pear Stories: Cognitive, Cultural, and Linguistic Aspects of Narrative Production* [C], ed. by W. L. Chafe, 203 - 274. Norwood, NJ: Ablex.

Du Bois, J. W. 1987. The discourse basis of ergativity [J]. *Language* 63: 805 - 855.

Du Bois, J. W. 2003a. Discourse and grammar [A]. In *The New Psychology of Language: Cognitive and Functional Approaches to Language Structure, Vol. 2.* [C], ed. by M. Tomasello, 47 - 87. London: Lawrence Erlbaum Associates.

Du Bois, J. W. 2003b. Argument structure: Grammar in use [A]. In *Preferred Argument Structure: Grammar as Architecture for Function* [C], ed. by J. W. Du Bois, L. E. Kumpf & W. J. Ashby, 11 - 60. Amsterdam: John Benjamins.

Du Bois, J. W., L. E. Kumpf & W. J. Ashby (eds.). 2003c. *Preferred Argument Structure: Grammar as Architecture for Function* [C]. Amsterdam: John Benjamins.

Erbaugh, M. S. 1986. Taking stock: The development of Chinese noun classifiers historically and in young children [A]. In *Noun Classes and Categorization* [C], ed. by C. Craig, 399 - 436. Amsterdam: Benjamins.

Erbaugh, M. S. 2002. Classifiers are for specification: Complementary functions for sortal and general classifiers in Cantonese and Mandarin [J]. *Cahiers de linguistique-Asie Orientale* 31: 33 - 69.

Erbaugh, M. S. 2006. Chinese classifiers: Their use and acquisition [A]. In *Handbook of East Asian Psycholinguistics: Chinese* [C], ed. by P. Li, L. H. Tan, E. Bates & O. J. L. Tzeng, 39 - 51. Cambridge: Cambridge University Press.

Ewing, M. C. 1991. The discourse function of relative clause in Indonesian [OL]. *Proceedings of the Seventeenth Annual Meeting of the Berkeley Linguistics Society: General Session and Parasession on The Grammar of Event Structure*, 81 - 91. Online: http://elanguage.net/journals/bls/

article/viewFile/2711/2693.

Fox, B. A. & S. A. Thompson. 1990. A discourse explanation of the grammar of relative clauses in English conversation [J]. *Language* 66: 297 - 316.

Fox, B. A. 1987. The noun phrase accessibility hierarchy reinterpreted: Subject primacy or the absolutive hypothesis? [J]. *Language* 63: 856 - 870.

Gass, S. M. 1979. Language transfer and universal grammatical relations [J]. *Language Learning* 29: 327 - 344.

Gibson, E. & H. -H. I. Wu. 2011. Processing Chinese relative clauses in context [J]. *Language and Cognitive Processes* 28: 125 - 155.

Givón, T. 1979. *On Understanding Grammar* [M]. New York: Academic Press.

Givón, T. 1983. *Topic Continuity in Discourse: A Quantitative Cross-Language Study* [C]. Amsterdam: Benjamins.

Givón, T. 1984. *Syntax* Vol. I. [M]. Amsterdam: Benjamins.

Givón, T. 1991. Isomorphism in the grammatical code: Cognitive and biological considerations [J]. *Studies in Language* 15: 85 - 114.

Givón, T. 1993. *English Grammar: A Function-Based Introduction* Vol. Ⅰ & Ⅱ. [M]. Amsterdam: Benjamins.

Gordon, P. C. & R. Hendrick. 2005. Relativization, ergativity, and corpus frequency [J]. *Linguistic Inquiry* 36: 456 - 463.

Gries, S. T. 1999. Particle movement: A cognitive and functional approach [J]. *Cognitive Linguistics* 10: 105 - 145.

Grosu, A. & F. Landman. 1998. Strange relatives of the third kind [J]. *Natural Language Semantics* 6: 125 - 170.

Hale, K. & P. R. Platero. 1974. Aspects of Navajo anaphora: Relativization and pronominalization [A]. *Navajo Language Review* 1. 1: 9 - 28.

Hamilton, R. 1994. Is implicational generalization unidirectional and maximal? Evidence from relativization instruction in a second language [J]. *Language Learning* 44: 123 - 157.

Hawkins, J. A. 1983. *Word Order Universals* [M]. New York: Academic Press.

Heine, B. 1997. *Cognitive Foundations of Grammar* [M]. Oxford:

Oxford University Press.

Hendery, R. 2012. *Relative Clauses in Time and Space: A Case Study in the Methods of Diachronic Typology* [M]. Amsterdam: John Benjamins.

Himmelmann, N. P. 1996. Demonstratives in narrative discourse: A taxonomy of universal uses [A]. In *Studies in Anaphora* [C], ed. by B. A. Fox, 205 - 254. Amsterdam: John Benjamins.

Hogbin, E. & J. J. Song. 2007. The accessibility hierarchy in relativisation: The case of eighteenth- and twentieth-century written English narrative [J]. *SKY Journal of Linguistics* 20: 203 - 233.

Hopper, P. J. 1979. Aspect and foregrounding in discourse [A]. In *Syntax and Semantics, Vol. 12: Discourse and syntax* [C], ed. by T. Givón, 213 - 241. New York and London: Academic Press.

Hopper, P. J. & S. A. Thompson. 1980. Transitivity in grammar and discourse [J]. *Language* 56: 251 - 299.

Horn, L. R. 1984. Toward a new taxonomy for pragmatic inference: Q-based and R-based implicature [A]. In *Meaning, Form, and Use in Context: Linguistic Applications* [C], ed. by D. Schiffrin, 11 - 42. Washington, D. C.: Georgetown University Press.

Horn, L. R. 1996. Presupposition and implicature [A]. In *The Handbook of Contemporary Semantic Theory* [C], ed. by S. Lappin, 299 - 319. Oxford: Oxford University Press.

Hsiao, F. & E. Gibson. 2003. Processing relative clauses in Chinese [J]. *Cognition* 90: 3 - 27.

Hsiao, F. 2003. *The Syntax and Processing of Relative Clauses in Mandarin Chinese* [D]. The PhD Dissertation of Department of Linguistics and Philosophy. Cambridge, MA: MIT.

Huang, C.-C. 2012. Preferred argument structure in Mandarin child language [J]. *Taiwan Journal of Linguistics* 10: 119 - 168.

Huang, S. F. & K. W. Chui. 2005. Is Chinese a pragmatic order language? [A]. In *Chinese Languages and Linguistics IV: Typological Studies of Languages in China* [C], ed. by C.-Y. Tseng, 51 - 79. Taipei: Academica Sinica.

Huang, S. F. 2013. *Chinese Grammar at Work* [M]. Amsterdam/Philadelphia: Benjamins.

Izumi, S. 2003. Processing difficulty in comprehension and production of relative clauses by learners of English as a second language [J]. *Language Learning* 53: 285 - 323.

Keenan, E. L. & B. Comrie. 1977. Noun phrase accessibility and universal grammar [J]. *Linguistic Inquiry* 8: 63 - 99.

Keenan, E. L. 1985. Relative clauses [A]. In *Language Typology and Syntactic Description, Vol. II: Complex Constructions* (1st edition) [C], ed. by T. Shopen, 141 - 170. Cambridge: Cambridge University Press.

Kuo, J. Y.-C. 2008. A pragmatic approach to the interpretations of Mandarin bare nouns [J]. *Journal of Pragmatics* 40: 1082 - 1102.

Kuo, K. & S. Vasishth. 2006. Processing relative clauses: Evidence from Chinese [A]. Unpublished manuscript, Potsdam: University of Potsdam.

Lehmann, C. 1986. On the typology of relative clauses [J]. *Linguistics* 24: 663 - 680.

Li, Jie, 1997. Predicate types and the semantics of bare nouns in Chinese [A]. In *The Referential Properties of Chinese Noun Phrases* [C], ed. by L.-J. Xu, 61 - 84. Paris: Centre de Recherches Linguistiques sur l'Asie Orientale.

Li, W. D. 2000. The pragmatic function of numeral-classifiers in Mandarin Chinese [J]. *Journal of Pragmatics* 32: 1113 - 1133.

Lin, C. J. & T. Bever. 2006. Chinese is no exception: Universal subject preference of relative clauses processing [A]. *Paper Presented at the 19th Annual CUNY Conference on Human Sentence Processing*. New York, NY: CUNY Graduate Center.

Lin, C.-J. C. 2008. The processing foundation of head-final relative clauses [J]. *Language and Linguistics* 9: 813 - 838.

Lin, Jo-wang. 2003. On restrictive and non-restrictive relative clauses in Mandarin Chinese [J]. *Tsinghua Journal of Chinese Studies* 33: 199 - 240.

Lin, W.-H. 2009. Preferred argument structure in Chinese: A comparison among conversations, narratives and written texts [A]. *Proceedings of the 21st North American Conference on Chinese Linguistics* (NACCL - 21), Vol. 2, ed. by Y. Xiao, 341 - 357. Smithfield, Rhode Island: Bryant University.

Lyons, C. 1999. *Definiteness* [M]. Cambridge: Cambridge University Press.

Ming, T. 2009. Grammatical roles of the head noun in Chinese relative clauses [A]. *Proceedings of the 21st North American Conference on Chinese Linguistics* (NACCL - 21). Vol. 2, ed. by Y. Xiao, 229 - 246. Smithfield, Rhode Island: Bryant University.

Ming, T. 2010. The relative position of demonstratives and relative clauses in Mandarin Chinese [A]. *Proceedings of the 22nd North American Conference on Chinese Linguistics* (*NACCL* - 22) & *the* 18*th Annual Meeting of the International Association of Chinese Linguistics* (IACL - 18). Vol. 2, ed. by L. E. Clemens & C.-M. L. Liu, 323 - 340. Cambridge, MA: Harvard University.

Ming, T. & L. Chen. 2010. A discourse-pragmatic study of the word order variation in Chinese relative clauses [J]. *Journal of Pragmatics* 42: 168 - 189.

Ming, T. & L. Chen. 2011. The ordering of multiple relative clauses modifying the same head NP in Chinese follows information-flow principles [A]. *Proceedings of the 23rd North American Conference on Chinese Lingusitics* (NACCL - 23). Vol. 1, ed. by Z. Jing-Schmidt, 1 - 17. Eugene: University of Oregon.

Ning, C.-Y. 1993. *The Overt Syntax of Relativization and Topicalization in Chinese* [D]. Ph. D. Dissertation. Irvine: University of California.

Prince, E. 1981. Toward a taxonomy of given-new information [A]. In *Radical Pragmatics* [C], ed. by P. Cole, 223 - 255. New York and London: Academic Press.

Pu, M. M. 2007. The distribution of relative clauses in Chinese discourse [J]. *Discourse Processes* 43: 25 - 53.

Pu, M. M. 2008. Pragmatics of classifier use in Chinese discourse [J]. *Stellenbosch Papers in Linguistics* 38: 139 - 163.

Quirk, R., S. Greenbaum, G. Leech & J. Svartvik. 1985. *A Comprehensive Grammar of the English Language* [M]. London: Longman.

Shibatani, M. 2009. Elements of complex structures, where recursion isn't: The case of relativization [A]. In *Syntactic Complexity: Diachrony,*

Acquisition, *Neuro-Cognition*, *Evolution* [C], ed. by T. Givón & M. Shibatani, 163 - 198. Amsterdam: John Benjamins.

Sun, C. F. 1988. The discourse function of numeral classifiers in Mandarin Chinese [J]. *Journal of Chinese Linguistics* 2: 298 - 322.

Su, Y.-C., S.-E. Lee & Y.-M. Chung. 2007. Asyntactic thematic role assignment by Mandarin aphasics: A test of the trace-deletion hypothesis and the double dependency hypothesis [J]. *Brain and Language* 101: 1 - 18.

Tao, H. Y. & S. A. Thompson. 1994. The discourse and grammar interface: Preferred clause structure in Mandarin conversation [J]. *Journal of the Chinese Language Teachers Association* 29: 1 - 34. 话语和语法的关联：汉语会话中的常用小句结构，徐赳赳摘译，《国外语言学》，1995(4)：26—35。

Tao, H. Y. 1996. *Units in Mandarin Conversations*: *Prosody*, *Discourse*, *and Grammar* [M]. Amesterdam: John Benjamins.

Tarallo, F. & J. Myhill. 1983. Interference and natural language in second language acquisition [J]. *Language Learning* 33: 55 - 76.

Thompson, S. A. 1987. "Subordination" and narrative event structure [A]. In *Coherence and Grounding in Discourse* [C], ed. by R. S. Tomlin, 435 - 454. Amesterdam: John Benjamins.

Tognini-Bonelli, E. 2001. *Corpus Linguistics at Work* [M]. Amesterdam: John Benjamins.

Tomlin, R. S. 1985. Foreground-background information and the syntax of subordination [J]. *Text-Interdisciplinary Journal for the Study of Discourse* 5: 85 - 122.

Yip, V. & S. Matthews. 2007. Relative clauses in Cantonese-English bilingual children: Typological challenges and processing motivations [J]. *Studies in Second Language Acquisition* 29: 277 - 300.

白鸽，2014，"一量名"兼表定指与类指现象初探[J]，《语言教学与研究》(4)：61 - 69。

伯纳德·科姆里著，沈家煊、罗天华译，2010，语言共性和语言类型(第二版)[M]，北京大学出版社。

蔡金亭、吴一安，2006，从英语关系从句的习得看可及性层级假设[J]，《现代外语》(4)：382 - 391。

曹逢甫著，王静译，2005，汉语的句子与子句结构[M]，北京：北京语言大学出版社。

陈宝国、宁爱华，2008，汉语主语和宾语关系从句加工难度的比较[J]，《应用心理学》(1)：23-34。

陈刚，2012a，北京话中数词"一"的关系从句标记功能[J]，《语言教学与研究》(2)：44-50。

陈刚，2012b，汉英形容词对比研究[D]，浙江大学博士学位论文。

陈泓明，2007，韩国留学生汉语关系从句的习得研究[D]，北京语言大学硕士学位论文。

陈平，1987，释汉语中与名词性成分相关的四组概念[J]，《中国语文》(2)：81-92。

陈平著，徐赳赳译，1996，汉语中结构话题的语用解释和关系化[J]，《国外语言学》(4)：27-36。

陈玉洁，2009，汉语形容词的限制性和非限制性与"的"字结构的省略规则[J]，《世界汉语教学》(2)：177-190。

陈玉洁，2010，汉语指示词的类型学研究[M]，北京：中国社会科学出版社。

陈宗利，2007，汉语关系结构生成句法研究[J]，《现代外语》(4)：331-340。

陈宗利、温宾利，2004，论现代汉语关系分句的限定性[J]，《四川外语学院学报》(3)：76-80，128。

崔希亮，2008，HSK 动态作文语料库[OL]，http://202.112.195.192:8060/hsk/login.asp。

戴运财，2010，汉语作为第二语言的关系从句习得难度调查[J]，《中国海洋大学学报(社科版)》(6)：85-91。

戴运财、朱庆、叶志雄，2010，二语习得中英汉关系从句习得的对比研究[J]，《西安外国语大学学报》(3)：18-22。

丁彧藻，2009，汉英关系从句不对称中的语用共性原则[J]，《外国语言文学》(4)：237-240。

丁彧藻、蒋平，2009，汉语前置关系从句语法化下的语言共性研究[J]，《语言研究》(2)：13-21。

董秀芳，2003，"的"字短语做后置关系小句的用法—兼评法律文献中"的"字短语的用法[J]，《语言文字应用》(4)：120-126。

董秀芳，2010，汉语光杆名词指称特性的历时演变[J]，《语言研究》(1)：11-20。

方梅，2002，指示词"这"和"那"在北京话中的语法化[J]，《中国语文》(4)：

343－356。

方梅，2004，汉语口语后置关系从句研究[A]，载中国社会科学院语言研究所《中国语文》编辑部编，《庆祝〈中国语文〉创刊50周年学术论文集》[C]，北京：商务印书馆，70－78。

方梅，2005，篇章语法与汉语篇章语法研究[J]，《中国社会科学》(6)：165－172。

方梅，2007，语体动因对句法的塑造[J]，《修辞学习》(6)：1－7。

方梅，2008，由背景化触发的两种句法结构—主语零形反指和描写性关系从句[J]，《中国语文》(4)：291－303。

方梅、宋贞花，2004，语体差异对使用频率的影响—汉语对话语体关系从句的统计分析[J]，Journal of Chinese Language and Computing 14(2)：113－124。

方梅、张伯江，1995，北京话指代词三题[A]，载《纪念文集》编辑组编，《吕叔湘先生九十华诞纪念文集》[C]，北京：商务印书馆，149－158。

方环海、沈玲，2016，西方汉学视域下汉语量词的性质与特征[J]，《语言教学与研究》(3)：31－40。

郭锐，2012，形容词的类型学和汉语形容词的语法地位[J]，《汉语学习》(5)：3－16。

韩景全、周敏，2012，汉语关系结构的限制性研究[J]，《中南大学学报(社会科学版)》(5)：212－216。

何文广、陈宝国，2011，认知神经科学及多学科视域中的宾主关系从句[J]，《南京师大学报(社科版)》(3)：132－139。

何中清、彭宣维，2011，英语语料库研究综述：回顾、现状与展望[J]，《外语教学》(1)：6－10。

江轶，2008，汉语关系从句的功能及动因[D]，新加坡国立大学博士论文。

蒋秀玲、彭金定，2007，AH假设对中国学生习得英语关系从句预测性的实证研究[J]，《中南大学学报(社科版)》(3)：356－360。

焦妮娜，2009，从方言和近代汉语看指示代词到名词化标记的语法化[A]，载吴福祥、崔希亮主编，《语法化与语法研究(四)》[C]，北京：商务印书馆，116－144。

金立鑫，2006，语言类型学—当代语言学中的一门显学[J]，《外国语》(5)：33－41。

金立鑫，2014，将“实验室方法”用于语言学研究[N]，《中国社会科学报》2014－01－20。

乐耀，2010，从汉语书面叙事体的语篇结构看人物指称的分布和功能[J]，《当代语言学》(4)：338-347。
李大勤，2001，“关系化”对“话题化”的影响—汉语话题结构个案分析[J]，《当代语言学》(2)：127-131。
李金满，2008，中国学习者英语关系从句使用行为研究[J]，《现代外语》(4)：406-414。
李金满，2013，二语视角下汉语关系从句中的量词分布考察[J]，《现代外语》(2)：166-173。
李金满、吴芙芸，2013，类型学概括与二语学习者汉语关系从句产出研究[J]，《外语教学与研究》(1)：80-92。
李晋霞，2008，现代汉语动词直接做定语研究[M]，北京：商务印书馆。
李临定，1990，现代汉语动词[M]，北京：中国社会科学出版社。
李挺，2010，叙事篇章中存现句的前后景转化[J]，《当代修辞学》(6)：14-23。
李艳玲、李荣宝，2007，英汉关系从句加工策略的比较[J]，《湖北广播电视大学学报》(11)：143-144。
李云兵，2008，语言接触对南方一些民族语言语序的影响[J]，《民族语文》(5)：17-34。
力提甫·托乎提，1995，维吾尔语的关系从句[J]，《民族语文》(6)：26-34。
廖秋忠，1984，现代汉语中动词的支配成分的省略[J]，《中国语文》(4)：241-248。
刘丹青，2002，汉语类指成分的语义属性和句法属性[J]，《中国语文》(5)：411-422。
刘丹青，2003，语言类型学与汉语研究[J]，《世界汉语教学》(4)：5-12。
刘丹青，2005a，汉语关系从句标记类型初探[J]，《中国语文》(1)：3-15。
刘丹青，2005b，语法调查与研究中的从属小句问题[J]，《当代语言学》(3)：193-212。
刘丹青，2005c，语言类型学与汉语研究[A]，载刘丹青主编，《语言学前沿与汉语研究》[C]，上海：上海教育出版社，199-228。
刘丹青，2008，汉语名词性短语的句法类型特征[J]，《中国语文》(1)：3-20。
刘丹青主编，2005d，语言学前沿与汉语研究[C]，上海：上海教育出版社。
刘丹青主编，2012，名词性短语的类型学研究[C]，北京：商务印书馆。
刘礼进，2010，关系结构的提升分析[J]，《华文教学与研究》(1)：62-68。
刘礼进，2011，句子主语和宾语的关系化考察[J]，《外国语言文学》(1)：

8-12。
刘涛、周统权、杨亦鸣，2011，主语关系从句加工优势的普遍性—来自汉语关系从句ERP研究的证据[J]，《语言科学》(1)：1-20。
刘艳，2008，现代汉语关系小句研究[D]，东北师范大学硕士学位论文。
陆丙甫，2001，从宾语标记的分布看语言类型学的功能分析[J]，《当代语言学》(4)：253-263。
陆俭明，1991，现代汉语不及物动词之管见[A]，载中国语文杂志社编，《语法研究和探索(五)》[C]，北京：语文出版社，159-173。
陆俭明，1993，朱德熙先生在汉语语法研究上的贡献[J]，《汉语学习》(3)：4-9。
吕杰、肖云南，2007，关系从句加工难度分析[J]，《湖南大学学报》(2)：119-124。
吕叔湘，1987，说"胜"和"败"[A]，载吕叔湘著，《语文近著》[M]，上海：上海教育出版社，110-119。
吕叔湘，1984，汉语语法论文集(增订本)[M]，北京：商务印书馆。
吕叔湘，2002，现代汉语八百词(增订本)[M]，北京：商务印书馆。
马诗帆、杨月英，2003，广东话话题化的处理动机[A]，载徐烈炯、刘丹青主编，《话题与焦点新论》[C]，上海：上海教育出版社，145-163。
马志刚，2012a，汉语关系从句的二语习得实证研究[J]，《汉语学习》(2)：86-94。
马志刚，2012b，汉语关系从句中心语方向参数的二语习得实证研究—中心语参数僵化的中介语相同语类并置假设[J]，《世界汉语教学》(2)：220-232。
屈承熹，2001，"及物性"及其在汉语中的增减机制[A]，载戴昭铭、陆镜光主编，《语言学问题集刊》[C]，长春：吉林人民出版社，113-129。
屈承熹，2005，汉语认知功能语法[M]，哈尔滨：黑龙江人民出版社。
屈承熹，2006a，汉语篇章语法：理论与方法[J]，《俄语语言文学研究》(3)：1-15。
屈承熹著，潘文国等译，2006b，《汉语篇章语法》[M]，北京：北京语言大学出版社。
尚新，2013，语言类型学视野与语言对比研究[J]，《外语教学与研究》(1)：130-139。
沈家煊，1995，《汉语功能语法研究》序[A]，载张伯江、方梅著，《汉语功能语法研究》[M]，江西：江西教育出版社，1-4。

沈家煊，1996，英汉对比语法三题[J]，《外语教学与研究》(4)：8－13。
沈家煊，1999，不对称和标记论[M]，南昌：江西教育出版社。
沈家煊，2009a，想起了高本汉[J]，《中国外语》(1)：2，111。
沈家煊，2009b，我看汉语的词类[J]，《语言科学》(1)：1－12。
盛亚南，2012，指量结构在汉语关系从句中的位置及内在原因—来自口语语料及实证研究的证据[D]，上海外国语大学硕士论文。
盛亚南、吴芙芸，2013，指量结构与汉语关系从句共现时的不对称分布及其原因——一项基于真实口语语料库的研究[J]，《现代外语》(2)：150－157。
石定栩，2010，限制性定语和描写性定语[J]，《外语教学与研究》(5)：323－328。
石毓智，2002，论汉语的结构意义和词汇标记之关系—有定和无定范畴对汉语句法结构的影响[J]，《当代语言学》(1)：25－37。
石毓智、江轶，2006，古汉语中后置关系从句的成因与功能[J]，《语文研究》(1)：18－23。
束定芳主编，2013，认知语言学研究方法[C]，上海：上海外语教育出版社。
宋贞花，2003，口语对话关系从句的统计分析[D]，中国社会科学院研究生院硕士学位论文。
孙晓霞、成晓光，2011，汉语关系从句加工研究现状和展望[J]，《东北师大学报(哲社版)》(5)：84－88。
唐雪凝、张金圈，2013，从山东北部方言看定语标记的类型与演变[J]，《语言教学与研究》(1)：72－79。
唐正大，2005，汉语关系从句的类型学研究[D]，中国社会科学院研究生院博士论文。
唐正大，2006a，汉语关系从句的限制性与非限制性解释的规则[A]，载中国语文杂志社编，《语法研究和探索(十三)》[C]，北京：商务印书馆，220－236。
唐正大，2006b，与关系从句有关的三条语序类型原则[J]，《中国语文》(5)：409－422。
唐正大，2007，关系化对象与关系从句的位置-基于真实语料和类型分析[J]，《当代语言学》(2)：139－150。
唐正大，2008，关中永寿话的关系从句类型[J]，《方言》(3)：244－251。
陶红印，1994，言谈分析、功能主义及其在汉语研究中的应用[A]，载石锋编，《海外中国语言学研究》[C]，北京：语文出版社，176－204。
陶红印，1999，试论语体分类的语法学意义[J]，《当代语言学》(3)：15－24。

陶红印，2002，汉语口语叙事体关系从句结构的语义和篇章属性[J]，《现代中国语研究》(4)：47-57。

田意民、曾志朗、洪兰，2002，汉语分类词的语义与认知基础：功能语法观点[J]，Language and Linguistics(1)：101-132。

王灿龙，2013，"是"字判断句名词宾语的指称形式[J]，《世界汉语教学》(2)：156-171。

王红旗，2007，论无指成分[A]，载北京大学汉语语言学研究中心《语言学论丛》编委会编，《语言学论丛》(第35辑)[C]，北京：商务印书馆，28-45。

王俊毅，2001，及物动词与不及物动词分类考察[J]，《语言教学与研究》(5)：17-24。

王琼，2006，最简方案框架下汉语关系从句的推导生成[J]，《解放军外国语学院学报》(6)：13-17。

王亚琼、冯丽萍，2012，汉语语义角色的关系化及关系化难度等级序列分析[J]，《云南师范大学学报(对外汉语教学与研究版)》(5)：6-10。

王勇、徐杰，2011，系统功能语言学与类型学[J]，《外国语》(3)：40-48。

王远国，2011，关系化和汉语关系从句[J]，《盐城师范学院学报(人文社科版)》(3)：74-77。

文旭、刘润清，2006，汉语关系小句的认知语用观[J]，《现代外语》(2)：111-119。

吴芙芸，2011a，基于经验还是基于工作记忆—来自汉语新闻语料库中关系从句生命度格局的证据[J]，《语言科学》(4)：396-408。

吴芙芸，2011b，试论量名不匹配构式在语料库中的低频出现率及内在原因[J]，《现代外语》(2)：135-142。

吴芙芸，2011c，试论 Hawkins 的领域最小化理论于汉语关系从句加工之意义及潜在问题[J]，《外国语》(1)：18-25。

吴芙芸，2012，论基于记忆资源的依存局域理论及潜在问题—来自汉语关系从句的挑战[J]，《当代语言学》(4)：365-379。

吴芙芸、吕骏，2016，汉语关系从句与指量词的位序：二语产出视角[J]，《汉语学习》(4)：84-94。

吴芙芸、盛亚南，2014a，关系从句中指量词的位序选择及其对言语产生理论的启示[J]，《外国语》(3)：49-58。

吴芙芸、盛亚南，2014b，指量词的前置优势及宾语关系从句的产出优势：汉语二语学习者视角[J]，《外语教学与研究》(3)：401-411。

吴福祥，2009，南方民族语言关系小句结构式语序的演变和变异—基于接触语言学和语言类型学的分析[J],《语言研究》(3): 72-85。
西门幻、梁兆兵,1994,汉语叙述话语中的小句结构变异—发展过程的分析[A],载戴浩一、薛凤生主编,《功能主义与汉语语法》[C],北京: 北京语言学院出版社,265-299。
肖云南、吕杰,2005,中国学生对英语关系从句习得的实证研究[J],《外语教学与研究》(4): 259-264。
熊仲儒,2005,以"的"为核心的DP结构[J],《当代语言学》(2): 148-165。
徐赳赳,2008,关系小句的语法和篇章特征分析[J],《汉语学习》(5): 3-8。
徐盛桓,2010,指类句研究的认知—语用意蕴[J],《外语教学与研究》(2): 83-91。
许余龙,2005,语篇回指实证研究中的数据库建设[J],《外国语》(2): 23-29。
许余龙,2012,名词短语可及性与关系化——一项类型学视野下的英汉对比研究[J],《外语教学与研究》(5): 643-657。
许余龙、孙珊珊、段嫚娟,2013,名词短语可及性与篇章回指—以汉语主语属格语为例[J],《现代外语》(1): 1-9。
杨彩梅,2008,英、汉语中的关系化都是移动的结果吗? [J],《外语教学与研究》(1): 20-28。
杨彩梅,2011,界定关系从句限制性-非限制性句法区别的形式手段[J],《外语教学与研究》(6): 814-827。
杨素英、黄月圆,2008,汉语定语从句的习得及"零代词许可等级假设"[A],载许嘉璐主编,《第九届国际汉语教学研讨会论文选》[C],北京: 高等教育出版社,755-764。
余玲丽,2005,基于图形—背景理论的英汉关系分句认知对比分析[J],《玉溪师范学院学报》(5): 56-59。
袁毓林,1996,话题化及相关的语法过程[J],《中国语文》(4): 241-254。
曾立英,2004,关于"及物性"的思考[J],《三峡大学学报》(1): 74-77。
张伯江,1997,性质形容词的范围和层次[A],载中国语文杂志社编,《语法研究和探索(八)》[C],北京: 商务印书馆,50-61。
张伯江,2005,功能语法与汉语研究[A],载刘丹青主编,《语言学前沿与汉语研究》[C],上海: 上海教育出版社,23-45。
张金圈、储泽祥,2011,无棣方言的领属定语标记"勒"和关系从句标记"底"[J],《汉藏语学报》(5): 109-123。
张铭涧,2011,名词短语可及性层级与关系从句二语习得研究[J],《解放军外国语学院学报》(2)：37-43。

张强、江火，2010，关系从句加工优势及局部句法复杂性解释—以汉语主宾语位置的关系从句加工为例[J]，《外语研究》(6)：19-26。

张强、杨亦鸣，2010，汉语宾语关系从句的加工优势—来自神经电生理学研究的证据[J]，《语言科学》(4)：337-353。

张谊生，2003，统括副词前光杆名词的指称特征[A]，载中国语文杂志社编，《语法研究和探索(十二)》[C]，北京：商务印书馆，174-195。

周敏、韩景全，2012，语段理论下汉语关系结构的生成[J]，《外国语》(3)：24-33。

周韧，2012，"N的V"结构就是"N的N"结构[J]，《中国语文》(5)：447-457。

周统权，2009，主/宾语提取的汉语关系从句加工研究[D]，北京师范大学博士后出站报告。

周统权、郑伟、舒华、杨亦鸣，2010，汉语宾语关系从句加工优势论：来自失语症研究的证据[J]，《语言科学》(3)：225-243。

朱德熙，1978a，"的"字结构和判断句(上)[J]，《中国语文》(1)：23-27。

朱德熙，1978b，"的"字结构和判断句(下)[J]，《中国语文》(2)：104-109。

朱德熙，1983，自指和转指—汉语名词化标记"的、者、所、之"的语法功能和语义功能[J]，《方言》(1)：16-31。

图书在版编目(CIP)数据

汉语书面叙事语体中关系从句的语篇功能研究/张秋杭著. —上海:上海三联书店,2019.10
ISBN 978 - 7 - 5426 - 6805 - 9

Ⅰ.①汉…　Ⅱ.①张…　Ⅲ.①汉语-语体-语法-研究
Ⅳ.①H14

中国版本图书馆 CIP 数据核字(2019)第 205958 号

汉语书面叙事语体中关系从句的语篇功能研究

著　　者 / 张秋杭

责任编辑 / 杜　鹃
装帧设计 / 一本好书
监　　制 / 姚　军
责任校对 / 张大伟

出版发行 / 上海三联书店
　　　　　(200030)中国上海市漕溪北路 331 号 A 座 6 楼
邮购电话 / 021 - 22895540
印　　刷 / 上海惠敦科技印务有限公司

版　　次 / 2019 年 10 月第 1 版
印　　次 / 2019 年 10 月第 1 次印刷
开　　本 / 890 × 1240　1/32
字　　数 / 210 千字
印　　张 / 7.5
书　　号 / ISBN 978 - 7 - 5426 - 6805 - 9/H・81
定　　价 / 39.00 元

敬启读者,如发现本书有印装质量问题,请与印刷厂联系 021 - 63779028

教育部人文社会科学研究青年基金项目
“基于可及性理论的汉语关系从句研究”（项目批准号17YJC740120）